AF459050

LA TYRANNIE DES POLITICIENS

OUVRAGES DU MÊME AUTEUR

La République et les Politiciens (*Lettres de Province*), 1 vol. in-12, Fasquelle éditeur.... 3 fr. 50

En plein faubourg (*Mœurs ouvrières*). 1 vol. in-12, Fasquelle éditeur........................ 3 fr. 50

Waldeck-Rousseau et la Troisième République. 1 vol. in-8, avec un portrait de Waldeck-Rousseau par P. Renouard, Fasquelle éditeur......... 7 fr.

HENRY LEYRET

LA TYRANNIE DES POLITICIENS

— LETTRES DE PROVINCE —

PARIS
ÉDOUARD CORNÉLY ET Cie, ÉDITEURS
101, RUE DE VAUGIRARD, 101

1910

AVANT-PROPOS

L'an dernier, à la même époque, j'apportai au lecteur, sous le titre : *La République et les Politiciens*, un modeste essai sur les mœurs parlementaires et leurs déplorables effets. Le livre que je publie aujourd'hui en forme le complément. C'est la série des Lettres de Province qu'en ces derniers mois j'eus le précieux avantage d'adresser au *Temps*.

Le grand journal français voulut bien accueillir mes correspondances avec une largeur d'esprit dont ceux qui connaissent le libéralisme de son clairvoyant directeur ne sauraient être surpris. Mais la pratique de la liberté intellectuelle devient si rare, là même où l'on n'eût jamais soupçonné la secrète pensée de l'annihiler pour complaire aux politiciens ou se les ménager, que j'éprouve un vif plaisir à offrir ici à monsieur Adrien Hébrard l'hommage public de ma respectueuse gratitude.

Les hommes qui ont fait la France politique telle que je la décris prétendent que j'ai écrit une satire. Cela m'étonnerait, car je n'y ai aucunement tâché. Tout au plus ai-je essayé de fixer l'état de choses dont nous souffrons avec une rigoureuse exactitude, comme je l'ai vu, comme le voient la plupart des républicains qui se donnent la peine d'ouvrir les yeux. Pour frapper la curiosité je n'ai pas même eu à chercher l'étrange ni à déchirer des voiles épais. Il m'a suffi de tracer un tableau au naturel : si la couleur par endroits semble appuyée, la faute en est moins à la chaleur des tons qu'à la grosseur des traits, des vices dépeints : je les ai reproduits fidèlement.

Ce faisant, ai-je eu en vue les personnes? Oh ! non. Elles ne m'intéressent pas. Lorsqu'on a l'esprit un tant soit peu frotté d'indépendance ou de dédain, il est permis d'ignorer la tyrannie des politiciens. Et l'on pourrait se contenter de la mépriser en silence, si elle ne causait un tort immense à la République, si elle ne devenait un véritable danger national. Ainsi, quand j'en souhaite la fin, la haine des hommes n'entre pour rien dans mon cœur. Je la désire simplement parce que, eux disparus, le régime se relèverait plus sain, plus vigoureux.

Les politiciens ont fait de leur république le règne de l'utilitarisme et de la persécution. Ils ont soumis la majorité du pays à la domination de leurs coteries. Ils ont asservi le pouvoir, l'enchaînant à leurs passions égoïstes, le condamnant à gouverner la France au mépris de ses traditions et de ses destinées. Ils ont tant perverti l'esprit public qu'ils se croient en droit de compter sur la servitude des foules pour maintenir indéfiniment leur frénétique tyrannie.

Tel apparaît le mal. Où se trouve le remède ? Il est dans un prompt retour aux principes républicains, si toutefois l'on veut sauver la République.

Des réformes diverses sont proposées,

l'électorale, la parlementaire, l'administrative, et bientôt la constitutionnelle même. Mais les politiciens n'en ont cure : ils s'estiment assez puissants pour les repousser l'une après l'autre. Auront-ils seulement la force d'arrêter la grande crise politique qui s'avance rapidement?

« Dans toute révolution, il y a toujours quelques moments où rien ne semblerait plus facile que de l'arrêter ; mais les hommes sont toujours faits de la sorte, les choses arrangées de manière, qu'on ne profite jamais de ces moments. »

Que les gouvernants se dépêchent d'être des réformistes, de peur que l'œuvre de salut ne soit accomplie par des révolutionnaires.

H. L.

Avril 1910.

LETTRES DE PROVINCE

PREMIÈRE LETTRE [1]

POLITICIENS ET FONCTIONNAIRES : LES CLIENTS RÉVOLTÉS CONTRE LEURS PATRONS

Si, intéressé par le nouvel état de choses (ce n'est pourtant qu'un petit lever de rideau), je cède à la tentation d'ajouter des feuillets à mes précédentes lettres [2], ce n'est point, veuillez le croire, pour m'offrir la vaine satisfaction de constater *coram populo* que les faits récents illustrent assez brillamment les quelques vérités reproduites sur mes timides épreuves de cinématographie sociale. Hélas! j'ai passé l'âge où l'on apprécie l'orgueil d'arriver parmi les premiers dans les concours de devinettes, et, par contre, les cheveux gri-

1. La première de ces lettres a été écrite en mai 1909, au lendemain de la grève des employés des postes et télégraphes ; la dernière en avril 1910, à la veille des élections législatives générales.

2. LA RÉPUBLIQUE ET LES POLITICIENS (*Premières Lettres de Province*), 1 vol. 1909.

sonnants ne réussissent pas plus que les méfaits des parlementaires à me rendre joyeusement sceptique : sans quoi, serais-je encore républicain ? Ce qui me pousse à reprendre la plume, c'est la colère où nous jette, nous autres qui ne sommes que de simples citoyens, tout ce monde de politiciens égoïstes et hurluberlus par qui la nation serait avant peu précipitée dans l'abîme, et quel abîme ! si nous ne nous décidions à les saisir par l'écharpe pour leur crier sous le nez : « Halte-là ! messieurs les députés, halte-là ! et haro sur vos partis batârds qui ne sont plus que de méprisables troupes d'intrigants ! La France républicaine, la France tout entière en a assez. »

A quel point la France de nos provinces, cette France si patiente, si travailleuse en même temps que si idéaliste, qui nous étreint le cœur chaque fois que nous revoyons le champ brumeux ou doré où coula notre enfance, à quel point elle est lasse du spectacle auquel la condamnent ses représentants, vous n'en avez aucune idée, Parisiens, vous dont l'esprit frondeur ne se risque plus qu'à applaudir sans danger les *concetti* d'une pièce satirique telle que le *Roi*. La province, il est vrai, en dehors des casinos et des « petits chevaux » cela pour vous ne compte pas, et peut-être en êtes-vous encore à faire votre *credo* du mot de Henri Heine qui disait : « En France, ce que pense la province importe autant que ce que pensent mes jambes. » Un mot assez sot, entre parenthèses, car au moment où il était lancé, le roi Louis-Philippe ne parvenait à dompter la pensée des farouches canuts de Lyon qu'à coups de canon. Le canon lui-même, à cette heure, remplirait mal son office pour vaincre la violente improbation qui gagne toutes les parties du pays — et toutes les classes. *Le Temps* écrivait dernièrement que la France est désaffectionnée. C'est bien pis : elle est dégoûtée, — et voilà pour l'instant le plus clair bénéfice de la grève révolutionnaire des postiers.

Quand les agents de MM. Barthou et Simyan eurent la généreuse idée d'arrêter la vie nationale pour débattre leurs intérêts personnels, nous éprouvâmes des sentiments assez complexes. Le premier mouvement, vous l'entendez de reste, fut tout de colère. Nos correspondances, nos communications interrompues brusquement au risque des conséquences les plus graves, il y avait de quoi s'indigner, surtout en considérant qu'une pareille perturbation se trouvait provoquée par une catégorie de cette formidable armée de fonctionnaires à cause de qui la France est écrasée d'impôts. En vérité, toutes questions accessoires écartées, n'est-il point singulier d'entendre parler en maîtres à la nation des hommes qui avaient sollicité d'elle et obtenu le privilège si recherché d'être nourris à la charge de la collectivité?... Une grande démocratie n'échappant aux séditions militaires que pour devenir la proie de ses commis, est-ce en vue de tomber dans une décadence aussi humiliante que nos pères dressèrent dans Paris la guillotine et les barricades? L'idée seule nous en était intolérable. Et cependant, quoique blessés dans nos principes, quoique lésés dans nos intérêts, la grève nous procura à la fois allégresse et soulagement : la vive satisfaction de savoir la caste parlementaire mise en échec par sa propre clientèle. Ainsi les peuples mécontents se félicitent momentanément d'une révolution de palais ébranlant le tyran qui les asservit et les exploite.

Donc, le fait est incontestable, les fonctionnaires révoltés rencontrèrent parmi nous d'abord de la sympathie. Toutefois, ce ne fut là qu'une sympathie à fleur de peau, car elle puisait son origine uniquement dans le discrédit général des parlementaires actuels — les « Quinze-Mille », dit le peuple goguenardant.

Un désaccord, un antagonisme traditionnel a toujours séparé le pays de son administration. Trop souvent il la vit empressée à flatter les maîtres de l'heure, docile à tous leurs caprices, se vengeant de sa platitude envers les grands par son insolence envers les petits, taquine, routinière, orgueilleuse, ayant pour principe de tracasser, de mépriser ce bon public qui se laisse tondre pour la payer. Pourquoi, en somme, le pays plaindrait-il outre mesure l'administration qu'il entretient largement? Elle est, par ma foi, assez privilégiée : appointements fixes, augmentations certaines, retraite prévue, honneurs, ah ça! que lui faut-il de plus? De tant d'avantages, aucun n'est assuré, même par le travail le plus soutenu, aux hommes courageux qui préfèrent gagner leur vie de haute lutte — en hommes libres. Industriel, commerçant, agriculteur, lequel, si appliqué, si économe, si prévoyant soit-il, lequel d'entre tous ces vrais travailleurs qui font la fortune de la France se trouve-t-il à l'abri des défaites imprévues de la bataille sociale? Seul, le fonctionnaire a sa sécurité matérielle fermement garantie jusqu'au charnier. Les fortunes s'écroulent, les faillites se suivent, la ruine vient affamer les familles les plus ordonnées : seul, au milieu des pires catastrophes, le fonctionnaire demeure et prospère. Il est à la fois l'immuable rentier et l'impitoyable créancier de la nation : fît-elle banqueroute, c'est encore dans sa poche que tomberaient les derniers de ses rouleaux d'écus. Comment, étant à la tête d'une situation aussi exceptionnelle, peut-il en appeler à des moyens révolutionnaires qui mettent en péril cette société dont il est le premier bénéficiaire — et le plus lourd?

Le pays, rendu à la réflexion une fois l'effervescence passée, raisonne ; et, constatant qu'après tout le fameux *statut* dont on lui rebat les oreilles a pour but unique de consolider tant de privilèges qui lui coûtent tant de sacrifices, il se demande avec inquiétude si c'est pour établir la tyrannie des ronds-de-cuir qu'il est résolu à secouer la tyrannie des politiciens.

Il ne veut pas plus de l'une que de l'autre. Il a pu juger dans les dernières années à quelles catastrophes la puissante bureaucratie russe a conduit l'empire des tsars, et il n'ignore pas que le mandarinat chinois est nuisible, tout autant que l'opium subtil, aux grouillantes multitudes sur lesquelles règne le Fils du Ciel. Mais notre propre histoire suffit à nous renseigner sur les dangers d'une administration trop forte. Sans remonter le cours des siècles, et l'on trouverait cependant des exemples instructifs même sous la monarchie absolue, nous savons bien que, depuis cent ans, l'opposition à la liberté, au progrès, aux réformes, aux améliorations les plus simples, est toujours venue des bureaux, véritable sanctuaire du conservatisme le plus réactionnaire. N'est-il pas vrai qu'en fait de « statut » l'administration opposait impassiblement aux aspirations du pays le *statu quo*? N'est-il pas vrai que dans ses cadres, plus encore que parmi les industriels enrichis à force d'initiative et d'audace, la bourgeoisie recrute les plus égoïstes et les plus hautains de ses membres? Ah! ils se trompent joliment, ceux qui croient, les uns par intérêt, les autres par peur, que la démocratie française, déjà rongée aux os par le parasitisme officiel, se résignerait à accepter un bureaucratisme forcené et tyrannique! Une telle administration serait le carcan de la nation.

Je vous le dis tout net. Les fonctionnaires révoltés d'aujourd'hui nous font penser à ces acquéreurs de biens nationaux devenus par la suite les plus durs propriétaires fonciers : ceux-là, pour la plupart des va-nu-pieds gorgés des dépouilles de la noblesse, vous eussent fait pendre un homme coupable du déplacement non pas même d'une borne, mais d'une motte de terre. Nos fonctionnaires menacent de bouleverser l'État si l'on ne supprime pas le favoritisme. Nous applaudissons de grand cœur à ce rappel aux vertus démocratiques; seulement nous ne pouvons nous empêcher de songer que beaucoup d'entre eux eussent alors mieux fait de ne pas solliciter la faveur pour être casés par elle. Ils ne seraient pas aujourd'hui des victimes si, hier, ils n'avaient pas réussi à être des favoris.

Je me suis placé jusqu'ici au point de vue des principes et de l'histoire, signalant le danger social qui, à nos yeux de provinciaux avertis, résulterait d'un fonctionnarisme trop puissant. Ce que nous pensons de l'alliance des fonctionnaires, ces conservateurs par situation, avec les syndicalistes révolutionnaires, — alliance qui rappelle le mariage de la carpe et du lapin, — je vous le dirai peut-être un autre jour. Et si, en venant au point de vue politique, je vous exprime notre opinion bien sincère, je ne fais nulle difficulté de reconnaître que nous trouvons le mécontentement des fonctionnaires en partie justifié. Il est le résultat fatal des mœurs politiques dont je vous ai entretenu il y a quelques mois. On a voulu faire d'eux des agents électoraux actifs et dévoués aux coteries dominantes. Longtemps ils ont tenu ce rôle avec une fermeté dont nous n'avons que trop ressenti les effets. Les voilà qui, pris d'inquiétude pour eux-mêmes, regimbent, réclamant des garanties. Je ne sais s'ils les obtiendront aussi complètes qu'ils les exigent : demander aux députés d'arrondissement de supprimer la faveur, autant demander aux fraudeurs d'édicter des lois réprimant la fraude! Au surplus, ce n'est point un statut spécial qui résoudra la crise générale de l'heure présente. Si le parlementarisme fonctionnait dans sa vérité constitutionnelle, si les politiciens n'en avaient pas fait l'instrument de leurs ambitions et de leurs intrigues, si la République était administrée et non pas exploitée, les fonctionnaires, pas plus que les autres citoyens, ne penseraient à se liguer contre le Parlement.

Voilà bien le point principal de la question, celui qui nous frappe le plus. La grève des postiers n'a pas été, selon nous, un accident, un furoncle à jamais disparu en crevant. Nous la considérons comme le signe le plus sérieux d'une décomposition purulente. Si médecins ou chirurgiens y peuvent encore quelque chose, l'espoir en est permis, à condition que l'on appelle tout de suite des thérapeutistes résolus à faire un miracle. Depuis longtemps, nous voyons dans nos villes et nos campagnes se développer les germes du mal. Ce qui se passe et se dit depuis des semaines ne laisse aucun doute. Le pays est à bout. Il veut la paix sociale propice au travail.

Le monde politique se leurrerait s'il croyait pouvoir surmonter les obstacles accumulés sous ses pas par sa propre faute, soit en faisant les gros yeux, soit en amusant le tapis avec des tours de passe-passe, des mensonges, des promesses de répugnante démagogie. Que les politiciens y réfléchissent ! L'heure des attitudes, des phrases, des fariboles a passé. C'est celle de leur propre jugement qui sonne. La scène n'est plus limitée au Palais-Bourbon : elle est dans la rue. Le pays regarde, le pays attend, anxieux beaucoup, curieux tout autant...

Réveillez vos souvenirs ! La République a-t-elle subi avant nos jours une Chambre pareille ? Les précédentes eurent toutes à un moment leur accès de lucidité, sinon de fierté. Celle-ci a pour unique vertu une torpeur craintive, telles ces ménageries de fauves émasculés sur lesquels le belluaire promène son mépris sifflotant, et, dédaigneux de la barre de fer désormais inutile, règne en distribuant des portions de viande ou des coups de talon. L'Angleterre a connu un Parlement de cette sorte ; vous savez de quel surnom injurieux elle l'a stigmatisé. Mais le parlementarisme français, lui aussi, compte dans ses annales une Chambre fameuse pour son matérialisme et son aplatissement : c'est celle qui avait apporté à la monarchie de Juillet un succès électoral sans précédent, celle qui soutint l'orgueil intransigeant de M. Guizot envers et contre tous, c'est la Chambre des « satisfaits » : son plongeon dans la tempête révolutionnaire fut si foudroyant qu'après le 24 février il n'en restait plus -- pour la leçon des gouvernements futurs — que de mornes épaves...

DEUXIÈME LETTRE

LE PAYS ET SA BUREAUCRATIE : L'ÉTAT-PROVIDENCE

Notre France fait songer par moments à l'une de ses anciennes reines, la première femme de Henri IV, cette sensible Marguerite de Valois dont un contemporain notait qu'elle avait comme caractère « un besoin d'anxiété ». Il y a en effet des périodes où la France éprouve comme un besoin de s'exciter aux fantasmagories et de frôler le danger. Mais comme le solide bon sens de la race demeure dominant, elle ressent rapidement avec la même fureur un besoin de tranquillité. Cela explique en partie l'attitude du pays lors de la deuxième grève des postiers. Je n'ai pas souvenance d'une grève aussi impopulaire.

La première, quoique généralement blâmée en principe, avait rencontré, je l'ai dit une apparence d'excuse dans le discrédit des politiciens, dans leur désarroi. Puis elle les laissait en si mauvaise posture que nous pardonnions presque à la bureaucratie révoltée de nous y avoir mis avec eux un instant. L'esprit frondeur n'était pas seul à trouver là son compte. La raison populaire s'accommodait également de la crise dans l'espoir un peu naïf que les parlementaires se voyant en danger chercheraient enfin leur salut — une fois n'est pas coutume ! — dans le bien public. Nous comptions sans notre hôte. Ce fut une très heureuse fortune pour les gouvernants de voir les postiers détourner sur eux-mêmes la colère qui grondait. C'est à quoi les fonctionnaires parvinrent en se remettant en grève avec une étourderie, avec une maladresse si insigne qu'en y réfléchissant l'on reste rêveur...

Comment n'ont-ils pas compris, les malheureux, que le fait d'avoir acculé le gouvernement à capituler constituait pour eux une victoire si éclatante qu'à la vouloir pousser plus loin ils risqueraient d'en perdre tout le fruit? La prudence la plus élémentaire leur conseillait la patience. Mais non! Ils ont écouté leur amour-propre grisé, ils ont escompté la peur, et par leurs menaces, par leurs alliances, par leurs virulences, ils ont tellement agacé l'opinion publique qu'elle s'est cabrée : se retirant d'eux brusquement, elle s'est rejetée — volte-face fatale — vers l'État, son protecteur né. Il faut bien le reconnaître : ces centaines de révocations qui jettent dans la misère, hélas! tant de familles, alors quantité de gens, artisans, employés, journaliers même, les appelaient presque pour avoir la paix, tant la colère montait, tant les intérêts matériels, lorsqu'ils se croient compromis, deviennent féroces, même les plus humbles. Inévitablement, cette fois, les postiers allaient à une défaite lamentable. Les voilà douloureusement humiliés. Je ne leur vois qu'une compensation — assez maigre, il est vrai : la reconnaissance du monde politique, car ils y ont bien droit, ayant momentanément endigué, comme disaient les publicistes de 1830, le torrent de l'inimitié populaire.

A parler franc, si l'on se place au-dessus des fâcheuses contingences, les vaincus d'hier — leurs torts reconnus — pourraient prétendre à une double reconnaissance plus générale : d'abord celle de l'administration française tout entière, ensuite celle du pays lui-même. Ne criez pas au paradoxe. Ce n'est point l'habitude chez nous, provinciaux que nous sommes, de jongler avec les idées et les mots. Nous avons pour coutume de juger les événements, « ces grands débrouilleurs de la politique », d'après notre simple bon sens, tout uniment. Si nous exprimons notre opinion avec une franchise parfois brutale, ce défaut provient de la qualité de notre observation directe des faits : dégagée de vos intrigues, de vos papotages, elle nous fait mieux discerner la philosophie des choses, leurs conséquences probables. C'est pourquoi dans cette mauvaise crise, la vérité, aidée de l'optimisme terrien, nous montre aujourd'hui moins les inconvénients particuliers dont nous avons souffert que les avantages généraux qui en devraient résulter. N'allez pas en inférer, je vous en conjure, qu'affiliés à la secte catastrophique nous n'attendons le bien que du mal. Seulement, pour les affaires publiques, la province pense sans le savoir comme Chateaubriand, qui disait que chaque trouble politique chez un peuple est fondé sur une vérité qui survit à ce trouble. En foi de quoi le somptueux vicomte rendait grâces aux « horribles comités de 1793 » d'avoir créé logiquement le pacte de la monarchie restaurée. Dans le même genre d'esprit, les citoyens les plus pacifiques conviennent entre eux que les récentes grèves, du moins, auront eu pour effet de précipiter d'une part la discussion du statut des fonctionnaires, et d'autre part d'étaler devant le pays la plaie repoussante de l'arbitraire et du favoritisme. Les maux connus, les remèdes s'imposent. Tant il est vrai que toute chose a son bon côté. Vous voyez combien Chateaubriand avait raison !

Donc le statut des fonctionnaires est maintenant une affaire convenue. Soit ! Beaucoup d'honnêtes citoyens, et qui ne sont point d'un esprit arriéré, persistent à penser que le pays continuerait fort bien de vivre sans ce statut. Je les approuve pleinement. Un statut des fonctionnaires!... S'il y eut jamais deux mots jurant de se trouver ensemble, plus encore dans une république que dans une monarchie, ce sont bien ceux-là, et la démonstration raisonnée en serait trop facile. Mais l'expression a fait fortune. Sentez-vous tout ce qu'elle représente de solennel, d'exceptionnel, et surtout de *privilégié?* Un statut!... On eût pu tout bonnement, s'il ne fallait à ces messieurs une loi spéciale, appeler cela un règlement. Par malheur, ce n'aurait pas été assez ronflant pour frapper les imaginations, enorgueillir les cœurs, les mieux exciter à la bataille, je veux dire à la grève. Il y eut des ouvriers, voilà quelque quatre-vingts ans, qui se firent tuer dans les rues de Paris pour l'amour de la Charte ; ces braves versaient leur sang sans trop savoir s'il s'agissait de venger le viol d'une Constitution ou le viol d'une femme : c'était la Charte ! Que nous portions la jaquette ou le bourgeron, les syllabes mystérieuses gardent sur nous tous leur puissance d'attraction. Le statut des fonctionnaires!... La France entière répète la formule et les politiciens s'empressent de la faire leur. Ah! ces moutons de Panurge! Ils croient échapper à la tempête en s'abandonnant à ses flots...

Comme tout Français, je connais personnellement des fonctionnaires, et de tous les rangs à peu près. Je me suis aperçu que l'administration rend la plupart d'entre eux aimablement sceptiques et tant soit peu épicuriens. Leur commerce, dans le privé, est des plus agréables : on passe à table avec eux des heures charmantes. Par malheur, installés dans leurs bureaux ou assis derrière un grillage, car il faut bien qu'ils fonctionnent! ce ne sont plus les mêmes hommes: il semble que le citoyen, le contribuable soit à leurs yeux l'inférieur, le sujet, sinon l'ennemi. Ce sentiment d'hostilité piquante ou hargneuse se manifeste du plus petit au plus grand. Le public en souffre, mais pas méchant, et plutôt bonne bête, il le supporte. Cependant il n'est pas sans ressentir quelque inquiétude à l'idée qu'on va donner des garanties spéciales à ces fonctionnaires dont l'autorité professionnelle intervient avec poids dans les plus minimes faits de la vie sociale. S'ils ne se sentent pas assez libres aujourd'hui qu'ils le traitent si lestement, que feront-ils de lui lorsqu'ils auront conquis comme une sorte d'inamovibilité et de pouvoir autonome ? N'est-ce pas lui, bon public, éternelle victime des querelles des grands, qui paiera les frais de la guerre allumée entre les parlementaires et les bureaucrates ? Ce statut, en fin de compte, ne lui dit rien qui vaille : il se demande si ce n'est pas une nouvelle chaîne qu'on s'apprête à lui attacher avec les cadenas de la routine. Et la critique, le mécontentement font leur petit bonhomme de chemin.

En somme, les fonctionnaires sont assez favorisés pour se résigner à être discutés et même un peu combattus. Leur amour-propre d'ailleurs a de quoi se rengorger : combien de ceux qu'ils mécontentent les regardent avec envie! Tous les jours le nombre grossit des candidats aux postes de l'administration. Voilà une abbaye qui ne chômera jamais faute de moines! (Ne serait-ce pas l'affluence des postulants — des concurrents — qui la pousse à verrouiller solidement ses portes?) J'ose dire qu'en d'innombrables familles françaises le grand idéal est d'avoir une place du gouvernement. C'est très curieux! Nos ancêtres ont attaqué rudement depuis deux siècles l'idée étatiste. Après les philosophes du dix-huitième, les réformateurs du dix-neuvième ont prôné l'indépendance, l'initiative individuelle. Peine perdue! S'ils triomphèrent brillamment dans les esprits, ils échouèrent piteusement dans les mœurs. Nous sommes toujours disposés à accomplir des révolutions politiques, et nous y réussissons quelquefois, mais notre asservissement moral, même après les commotions les plus formidables, reste immuable. L'individu contre l'État! Théorie d'outre-Manche. Notre instinct social nous ramène fatalement vers l'État-Providence : il nous attire comme un aimant. Je mets en fait qu'en dépit des grèves et des émeutes il n'a jamais été aussi fort qu'en ces premières années du vingtième siècle. Ceux mêmes qui l'exploitent et le pillent lui rendent hommage, car, s'engraisser à ses dépens, c'est s'avouer incapable de s'enrichir par son propre effort. Si tant de pères et mères dirigent leurs fils vers les fonctions publiques, c'est autant par intérêt que par vanité : quelle meilleure sécurité que la protection de l'État! Une fois à son service, on n'a plus qu'à se laisser vivre : il se charge même de votre mort.

La veuve d'un modeste employé de chez moi eut la chance, restant avec d'infimes ressources, d'obtenir une bourse entière pour son fils dans un collège où il achève ses études. La rencontrant dernièrement, je lui demandai ce qu'elle compte faire de lui : « J'espère, me répondit-elle, que, grâce à des protections, j'arriverai à le faire entrer dans l'administration. Il sera employé comme son père. » En vain m'efforçai-je de lui démontrer que son fils étant intelligent et pouvant poursuivre des études supérieures sans qu'il lui en coûtât rien, elle devrait tenter de susciter en lui une vocation lui permettant de gagner sa vie librement. Elle ne voulut rien entendre. Toutes mes raisons se heurtaient à cette objection irréductible : la retraite. « Avec la carrière administrative, Monsieur, je serai tranquille pour ses vieux jours. Tandis que les carrières libérales, c'est bien chanceux. Ah ! s'il y avait une retraite, certainementje préférerais... » Combien de mères tiennent ce raisonnement ! Bonnes femmes, certes, mais qui mériteraient mieux de leurs enfants — et du pays — si, au lieu de les couver comme des poussins, elles les lâchaient dans la vie en jeunes coqs aux ergots aiguisés.

Croyez-moi, ce n'est point de statuts ni de mesures bénignes contre les abus de la faveur qu'il s'agit, c'est d'une refonte des mœurs. Mais l'œuvre n'est pas à la portée des peuples qui se désagrègent dans une sorte d'asphyxie morale. Heureuses les nations susceptibles d'éprouver des sentiments passionnés ! Celles-là, capables de se modeler d'après une éducation virile, demandent moins à la tutelle de l'État qu'à la volonté individuelle. Je ne prétends pas qu'elles échappent totalement aux effets pernicieux des vices qui, sous toutes les formes de pouvoir et quel que soit l'élément à gouverner, troublent la nature humaine. Du moins, mieux préparées aux combats de la vie, comprennent-elles le devoir individuel avec plus de fierté, avec plus d'énergie : elles n'exigent pas de la société, cette pauvre vieille décharnée, qu'elle assure elle-même le bonheur de chacun, — prétention qui est actuellement celle du peuple français. Notre idéal serait différent si nous avions reçu une autre culture intellectuelle et morale, mais les gouvernements n'y ont pas tâché, et la République pas plus que ses devanciers. Exalter l'individu, c'est créer des hommes. Domestiquer des clients reconnaissants, voilà le vrai moyen de former de bons collèges électoraux ! C'est pourquoi le fonctionnarisme et le favoritisme sont les deux conditions vitales du politicien.

Je m'entretenais philosophiquement de ces

choses avec un membre du Parlement venu se reposer au bourg voisin. Loin de se montrer optimiste, il renchérissait sur mes propos, exagérant même la perversion de l'esprit public. Sa conclusion était que tout le mal vient non des élus, mais des électeurs. Je fus obligé de protester que la politique de clocher est souvent la conséquence de la politique dirigeante : l'erreur des petits ne découle-t-elle pas de la faute des grands? Comment ceux-là ne se laisseraient-ils pas aller à toutes sortes d'excès quand ceux-ci ne savent ni prévoir ni prévenir? Ayez une tête plus ferme et les membres seront plus souples. Lui, alors, de prendre un air entendu pour me faire cette réponse indirecte :

— Au moment de la dernière grève, le comte d'Haussonville, avec un remarquable esprit d'à-propos, rappelait aux conservateurs un mot de Berryer qui a obtenu de nombreux suffrages, car il implique une véritable formule de politique nationale. C'est celui-ci : « Défendons l'héritage dans l'intérêt de l'héritier. »

— Oh! très beau et très profond... Mais, j'y songe, ce ne peut être là le mot tout entier. Il a bien un complément?

— Non. Pourquoi voudriez-vous qu'il en eût un?

— Parce que si Berryer pensait que l'intérêt de l'héritier est moins assuré par des paroles que par des actes préservatifs autant que préservatoires, il eût dû ajouter que, pour mieux défendre l'héritage, pour empêcher que le patrimoine ne soit compromis à sa source même, il faut commencer par changer de notaire, celui de la famille n'inspirant pas confiance, et pour cause...

Mon parlementaire me regarda de travers et prit son chapeau.

TROISIÈME LETTRE

GOUVERNANTS ET INTRIGANTS : QUEL SERAIT LE MEILLEUR MINISTÈRE ?

Ces Messieurs de Goncourt notent avec une raillerie attristée que les femmes, à l'aurore de la Révolution, renonçant à leur charme de politesse et de galanterie, se mêlaient passionnément de politique et rien que de politique. Les blâmant de se commettre en de si grands intérêts, « apanages et soucis virils », ils ajoutent bien vite qu'elles ne voyaient d'ailleurs dans les choses que les personnes, et que c'était de leur affection qu'elles tiraient leurs principes. Si nos contemporaines déterminent leurs opinions d'après des mobiles plus raisonnables que nos aïeules, je me garderai d'en décider. Mais je n'hésite pas une minute à avancer que les citoyens du suffrage universel deviennent en politique de plus en plus sem blables aux femmes de la société d'il y a cent vingt ans. A leur exemple, en effet, ils subordonnent les affaires générales aux intrigues personnelles, les principes aux individus, la République à la chose privée. En un mot, l'électeur construit l'État à la mesure de ses petits intérêts. Cette déviation de l'esprit public se manifeste visiblement durant les crises ministérielles [1].

La province couve une quantité de « grands hommes ». Je ne parle pas des savants ni des philosophes, des écrivains ni des artistes. Comme la plupart se bornent à enrichir le patrimoine d'intelligence et de beauté nationales, c'est seulement après leur mort, la statue venant, que l'électeur leur accorde quelque crédit, à cause des récompenses enrubannées dont toute glorification posthume est l'occasion profitable aux boutonnières impatientes d'une virginité éraflée. Les « grands hommes » qui flattent notre orgueil régional, ce sont les politiciens susceptibles

1. Le ministère Clemenceau venait d'être renversé et remplacé par le ministère Briand (20-24 juillet 1909).

de devenir ministres. Autant dire une légion! Point de département qui ne prétende compter quelque futur secrétaire d'État au nombre de ses représentants au Sénat ou à la Chambre. Ceux-ci fussent-ils tous d'une médiocrité par trop rustaude ou d'une obscurité par trop opaque, la vanité ambitieuse de leurs commettants se décourage rarement. L'idée s'est à la longue répandue qu'à part les grands postes les portefeuilles se donnent à de modestes comparses, au petit bonheur. Aussi se dit-on que, la chance aidant, tout élu peut fort bien quelque jour remplir dans une combinaison ministérielle l'emploi de bouche-trou. Bouche-trou! Peu importe au collège électoral de l'appelé; le « pays » n'en est pas moins ministre et les arcs de triomphe s'apprêtent au bord du cours d'eau natal : le jour où le cortège de Son Excellence y défilera, quelles sincères acclamations en l'honneur de la République! Mais quel afflux de requêtes, quel amoncellement de sollicitations!

Lors donc qu'une crise est ouverte, le choix des personnes chargées de la dénouer excite la curiosité tout autant que l'orientation politique du futur cabinet. Heures d'inquiétude et d'impatience! Les *amis* se concertent, les comités se réunissent, les clientèles s'agitent, et, sous la suggestion de calculs égoïstes que l'on n'ose encore s'avouer, on suppute fiévreusement les chances des élus, celles des chefs du groupe auquel ils sont inscrits. A Paris, un immense éclat de rire salue l'apparition de certains noms, inconnus ou grotesques, au milieu des listes qui se dressent sur la table des journalistes parlementaires dans le salon de la Paix. Ce n'est pas pour vous, Parisiens, qu'on a glissé ces noms destinés à n'être jamais prononcés à l'Élysée. C'est pour nous, afin que, pris au piège comme l'alouette au miroir, notre zèle électoral se réchauffe à l'égal de notre fierté locale. On soigne notre amour-propre avec l'arrière-pensée de mieux surexciter nos appétits. Des députés, par le seul fait qu'une agence télégraphique complaisante les avait mis sur les rangs, reçurent de leur arrondissement autant de dépêches de félicitations que s'ils avaient été vraiment mandés par le Président de la République. L'un d'eux dut à l'amitié d'un reporter d'être désigné pour un modeste sous-secrétariat d'État; la supercherie obtint un tel succès auprès de ses électeurs que, se rengorgeant, il déclara :

— A la première crise, je me ferai ministre !

Les électeurs ne sont pas les seuls à attendre anxieusement la solution des crises ministérielles. Les fonctionnaires, et principalement ceux de l'ordre politique, sont encore plus anxieux. Je dois leur rendre cette justice qu'en ces circonstances ils ne sont pas uniquement préoccupés par une question d'avancement. Sans doute, selon la personnalité des nouveaux titulaires de portefeuilles, ils peuvent bénéficier du changement ou tomber en disgrâce. Et cette considération a son poids. Mais une chose les inquiète tout autant : la teneur des instructions qui leur seront adressées par le gouvernement dès qu'il se sera présenté devant les Chambres. Maintiendra-t-on le *statu quo?* Ou bien le gouvernement précédent sera-t-il désavoué par son remplaçant? Fera-t-on une politique de combat ou une politique de pacification? Une politique de parti ou une politique d'union? La question est grave pour les préfets et les sous-préfets: ils peuvent être obligés, par ordre ministériel, de tendre publiquement la main à des députés qu'ils affectaient sous l'autre administration de ne pas saluer. Aussi, pendant la durée de la crise, la plupart de ces messieurs prennent le parti de ne pas se montrer à leurs administrés. (C'est ce qui permettait à un esprit paradoxal de soutenir que la France n'est jamais aussi tranquille ni aussi libre que lorsqu'elle n'a pas de ministère.) Quant aux affaires engagées, nos gentils préfets les laissent tout net en suspens. Qui sait! peut-être devront-ils leur donner un cours tout opposé si les influences départementales viennent, sous la pression de Paris, à basculer.

Cette attitude momentanément expectante des hauts fonctionnaires me remet en mémoire un incident par lequel ma jeunesse fut fortement frappée. C'était le 27 janvier 1889. La date ne vous dit rien, n'est-ce pas? Eh bien, les survivants du boulangisme et les républicains qui le combattaient ont quelque raison de ne l'avoir pas oubliée : c'est celle de l'élection à Paris du beau général à la barbe blonde. Des bruits sinistres couraient. On craignait que Boulanger, poussé par la population parisienne, ne forçât les portes de l'Élysée. La République allait-elle sombrer? La province se le demandait. Or, ce dimanche fameux, je me trouvais dans un chef-lieu de préfecture de troisième ordre, où passé huit heures du soir l'on ne recevait plus aucune dépêche du dehors. Cette privation de nouvelles en un pareil jour ne faisait pas mon affaire. Je résolus de savoir coûte que coûte ce qui se passait dans la capitale. Un seul moyen : voir le préfet, et peut-être par lui être informé. Aussi bien, selon les événements, son devoir ne lui commandait-il pas, étant le premier représentant de la République dans le département, d'organiser la résistance? Ah! j'étais jeune, vous le voyez... Nous allâmes, un petit groupe et moi, à la préfecture. Là, silence et obscurité : personne! Malgré notre insistance, nous ne pûmes tirer du concierge que ceci : « Monsieur le préfet, malade, est couché. » Un mensonge, nous le devinions, mais nous n'en dûmes pas moins nous retirer, stupéfaits autant que furieux. Le lendemain, dans les rues de la ville, M. le préfet, toute prudence devenue inutile, paradait, luisant et triomphant. « Il l'avait bien dit (quand et à qui?) que le général n'oserait jamais monter à cheval! La République est trop solide : ses fonctionnaires, lui tout le premier, se feraient tuer pour elle ! » Il n'eut pas l'occasion de lui donner cette suprême preuve d'attachement ; mais, tout de même, il mourut comblé par elle d'honneurs et de prébendes. C'est beau, la fidélité, et profitable...

Au lendemain de la philippique victorieuse de M. Delcassé[1], alors que l'on ignorait

1. M. Clemenceau avait succombé devant la Chambre sous une attaque directe et vigoureuse de M. Delcassé (séance du 20 juillet 1909).

encore à quel homme politique serait offerte la mission de constituer un cabinet, quelques amis et moi, réunis à l'ombre des platanes, échangions nos impressions. Il n'y avait parmi nous ni fonctionnaire, ni comitard, pas plus que de candidat à une sinécure ou à une décoration quelconque. Libres donc de laisser de côté les hommes, encore que chacun de nous eût ses sympathies et ses préférences, nous discutions les idées, simplement. Lors un pince-sans-rire susurra doucement :

— Ne restons pas dans les nuages. Soyons précis. Quel serait, à votre avis, le meilleur ministère ?

Surpris, comme il arrive chaque fois qu'il s'agit de passer des rêves aux réalités, nous gardâmes d'abord le silence. Un historien amateur le rompit le premier :

— Louis-Philippe, stylé par cet honnête niais de La Fayette, disait : « La meilleure des républiques, c'est moi ! » Rassemblez tous les chefs de file, tous les porte-cocarde du Palais-Bourbon. Posez-leur votre question.

Chacun vous répondra : Le meilleur des ministères, c'est le mien!

Haussant les épaules, je risquai :

— Le meilleur ministère, ce serait celui qui penserait moins à lui-même qu'à la France.

— Pompier et irréalisable! riposta une voix ironique. Vous oubliez qu'entre les ministres et la France il y a les députés, et que ceux-ci mènent ceux-là. Or, quel est le souci exclusif des députés? Soigner leurs intérêts électoraux! La France? Avant tout, il s'agit pour eux d'obtenir du ministre des finances un crédit affecté à l'entretien des fosses d'aisances de leur bourg pourri. Que peuvent là contre les ministres animés des meilleures intentions?

— Ils peuvent trois choses : ou résister et tomber sous la coalition des sous-vétérinaires, ce qui ne changerait rien à la situation ; ou en appeler au pays, ce qui aurait du moins l'avantage de la nouveauté; ou plus simplement supprimer cette peste qu'est le député d'arrondissement.

— Ah! oui, rétablir le scrutin de liste. Mais n'entendez-vous pas les cris d'orfraie qu'à cette perspective poussent nos tyranneaux? « Desserrer les mailles étroites de l'arrondissement, c'est laisser passer les grands courants politiques, c'est favoriser l'esprit d'opposition! » Et ils concluent que le scrutin de liste est dangereux parce qu'il met la République en péril.

— Qu'ils prennent garde! S'ils disent que du jour où le pays serait consulté plus largement, plus librement, la majorité pourrait leur échapper, l'opposition triompher (mais laquelle?), ils prononcent la condamnation la plus éclatante du parti républicain, celle du régime lui-même, car ils proclament par là qu'ils ne se maintiennent l'un et l'autre qu'en asservissant durement le corps électoral. Eh bien, cela, je le nie contre eux, et l'histoire est pour moi. A quand remonte donc la première victoire sérieuse des républicains?

— Au 16 Mai. Et précisément, les élections eurent lieu au scrutin d'arrondissement!

— Oui, vous avez raison : légalement, c'est le petit scrutin qui fonctionna les 14 et 28 octobre 1877. Le ministère de Broglie comptait assez dessus pour battre les 363! Mais ceux-ci, disciplinés sous la main puissante de Gambetta, réalisèrent par toute la France l'unité de liste. Si bien que, plus tard, le tribun avait le droit de dire que la réélection des 363 avait été le fruit du scrutin de liste élevé à son maximum d'intensité. La République eut-elle à se plaindre d'une consultation aussi nationale?

Un pessimiste murmura dans un demi-sourire :

— La République au 16 Mai était jeune. Les nobles passions l'animaient. Le pays l'aimait alors. Mais elle a tant vieilli, la chère belle!...

— Ce n'est pas sa vieillesse qui repousse le pays, c'est ce qu'il croit entrevoir : une décrépitude avilissante! Eh bien, mettez-la en garde, rajeunissez-la, renouvelez-la! Ne voyez-vous pas que tous les hommes politiques sérieux, du plus rose au plus rouge, conviennent que nous ne pouvons continuer de vivre dans la situation actuelle? Et ceux-là se rendent compte qu'aucune réforme, ni financière, ni administrative, ni sociale, ne sera possible tant que la réforme électorale n'aura pas été accomplie. Le pays aussi commence à le croire. La question est posée. Il faut qu'elle soit résolue : elle le sera tôt ou tard. Mais que les politiciens n'attendent pas trop tard !

— Un grand nombre d'entre eux ne veulent à aucun prix de votre réforme électorale.

— Alors, tant pis pour eux ! ils seront brisés par la nation — et advienne que pourra !

Les esprits s'échauffaient. Mais notre pince-sans-rire, d'une voix calme, reprit :

— Au lieu de disputer, je vous prie de répondre à ma question. Elle est pourtant assez simple : Quel serait le meilleur ministère?

QUATRIÈME LETTRE

LES NOUVEAUX PRINCIPES POLITIQUES DE LA TROISIÈME RÉPUBLIQUE : MATÉRIALISME ET UTILITARISME.

Je vous écrivais l'autre hiver qu'il n'existe plus en France aucun parti politique. Aujourd'hui, je vous apporte une bonne nouvelle : un grand parti national est en voie de formation, et c'est le parti élargi des sceptiques.

Il a pour origine — pour *excitement* — la fortune étourdissante des politiciens, pour programme le reniement souriant des idées, pour but la participation effrénée aux faveurs du pouvoir. Sur la face de son drapeau déjà déployé, je lis, cyniquement transcrite en lettres d'or, la parole méprisante du *Mémorial :* « La République? Pour un, aujourd'hui, qui sacrifierait tout au bien public, il en est des milliers qui ne connaissent que leurs jouissances, leur vanité. » Au revers, moins apparents, se distinguent ces mots : « Applaudissons et laissons faire aux dieux ! »

Le parti des sceptiques, groupant les débris des anciens partis juxtaposés aux nouvelles générations, a pour caractéristique de ne pas se connaître une opinion. Opiner, c'est se prononcer. Le parti des sceptiques n'approuve ni ne réprouve. Il ne discute ni ne conteste. Sa tactique est d'accepter l'étiquette dominante sans examen. Faire cortège aux victorieux constitue son unique principe. Il y gagne le mérite de la fidélité, car il suit obstinément la victoire dans tous les camps où elle se porte, et l'avantage du butin, car il est naturel qu'il ramasse toujours sa part des dépouilles opimes. Que si, quelque jour, la victoire épuisée l'oubliait du mauvais côté de la barricade, il supplierait les dieux de lui envoyer sur-le-champ le premier sauveur venu. Mais le parti des sceptiques est optimiste : il ne croit pas à la possibilité d'une catastrophe du moment qu'il a sa place réservée aux banquets de la République. Il est donc, par la force des choses, républicain, je veux dire gouvernemental.

Si la République de 1848 fut, comme on l'a écrit, le romantisme en politique, la nôtre est devenue le régime de l'utilitarisme individuel servi par les affaires publiques. La distinction est capitale. Je ne saurais la mieux souligner qu'en rappelant le jugement d'un écrivain disparu sur les hommes portés au pouvoir par la Révolution de Février : « Ils ont l'ambition de la puissance, ce qui est une grandeur, et non l'ambition de la place, ce qui est une petitesse. » Peut-être est-ce pour nous différencier de nos ancêtres que, leur laissant la grandeur, nous nous contentons fort bien de borner notre ambition à accaparer le plus possible les « petitesses ». C'est pourquoi la majorité des citoyens, voyant les députés considérer la moralité des moyens comme une condition inutile à leur carrière, n'attachent plus de prix qu'au succès. Aussi la seule politique qui soit en honneur dans notre pays, oh ! depuis pas mal d'années, c'est la politique utilitaire. Ne confondez pas, je vous prie, avec la politique réaliste. Celle-ci veut des convictions, celle-là ne recherche que les profits.

Je reconnais que la nature de nos institutions et de notre administration devait avoir cet avilissement général de l'esprit public comme aboutissement final. Nos institutions ont pour base, comme il convient à une démocratie élective et égalitaire, la souveraineté du peuple. Un rhéteur démontrerait en se jouant que la souveraineté du peuple, unanimement exprimée, ne peut devenir efficace qu'à la condition d'avoir pour interprète de ses volontés un délégué supérieur, unanimement obéi. N'étant pas un « respectueux », je me permets de faire à Auguste Comte l'injure de supposer qu'il n'était pas loin de considérer la souveraineté du peuple sous cet angle, lorsqu'il en disait qu'elle n'est qu'une « mystification oppressive ». A moins, au contraire, que le philosophe du positivisme n'ait voulu marquer de cette forte expression l'oligarchie tyrannique des coteries maîtresses d'une République maquignonnée. Il serait alors à craindre que la situation actuelle, fruit véreux du parlementarisme tout-puissant, ne justifiât la définition comtiste entièrement. Auquel cas, le vice essentiel de notre organisme étant visible, il importerait de le corriger sans plus de tâtonnements.

Je n'ai pas la prétention de parler ici en théoricien ni en constituant. Si je me suis fait à la longue quelques petites idées à moi, il me suffit d'en bâtir mes rêves, et il est infiniment probable que je les emporterai dans l'impalpable poussière où se dissout la caravane humaine, sans qu'il en ait coûté à cette bonne société ni révolutions ni taches de sang. Mais enfin j'observe, j'écoute et je conclus. Comment, suivant avec une curiosité aiguë le spectacle donné par nos hommes publics, me défendrais-je de constater que toute leur conduite est commandée par la politique utilitaire ? Et celle-ci, comment hésiterais-je à dire, puisque cela crève les yeux, qu'elle est l'inévitable résultante de notre état constitutionnel et administratif ? Voyons, nous sommes tous d'avis, sauf la caste dont c'est l'intérêt vital de les pervertir davantage, que les mœurs politiques deviennent de plus en plus déplorables, écœurantes. N'est-il pas vrai (ayons le courage d'en convenir) qu'il ne saurait en aller autrement dans un gouvernement livré à la coalition des égoïsmes syndiqués ? Car le parlementarisme, tel que nous le pratiquons, ce n'est pas autre chose qu'un syndicat solidement constitué au-dessus de la nation. Eh bien, donnez tous les noms que vous voudrez au gouvernement où fleurit un tel parlementarisme, mais ne dites pas que c'est une République. Et si tout de même les apparences constitutionnelles, renforcées de grandes phrases, vous donnent le droit de l'appeler ainsi, j'ose prétendre que vous avez seulement le mot sans la chose.

Qu'est-ce qu'un État républicain conforme aux principes fondamentaux dont se réclame le régime actuel ? C'est celui où, en premier lieu, la liberté individuelle et la liberté d'opinion sont garanties à tous les citoyens. Il est donc illogique, il est contraire à la vérité d'appeler État républicain un pays où les citoyens sont traités en suspects, c'est-à-dire en ennemis, s'ils ne consentent pas à se faire les courtisans de leurs propres représentants. Ce pays, cependant, c'est le nôtre. Il n'y a qu'à traverser nos campagnes pour s'en convaincre. La vie courante y offre chaque jour les preuves les plus diverses de la sujétion dont je parle. Encore récemment, j'étais témoin d'un petit fait qui me semble assez symbolique pour être consigné en passant.

Un conseiller général aimé de ses concitoyens étant mort, ses obsèques donnèrent lieu à une manifestation imposante. La politique, bien entendu, n'y resta pas étrangère. Le député de l'arrondissement vint exprès de Paris assister à la cérémonie. Même il conduisait le deuil. Le sous-préfet, en dépit de ses galons, paraissait un petit garçon bien sage à côté de l'homme à l'écharpe. Celui-ci était le point de mire, et, le sachant, il portait beau. A un moment, tandis que le cortège se déroulait le long de la route menant au cimetière, on vit un gendarme s'approcher de M. le député : respectueusement, il lui parla bas, tout bas, si bas que M. le sous-préfet crut devoir, par déférence, affecter de ne pas entendre. L'incident fit sensation dans la foule jusque-là recueillie. Qu'y avait-il ? Que se passait-il ? Et chacun de chercher vainement à éclaircir ce gros mystère. Lorsque, quelques heures plus tard, j'en eus la clef, je fus pris à la fois de rire et de nausée : le bon gendarme avait reçu du juge de paix l'ordre d'aller incontinent aviser le député qu'avec son suppléant il suivait les obsèques !...

Étonné, je demandai :

— Pourquoi cette démarche servile?

— Par un sentiment de prudence. Le juge de paix se sait peu en crédit auprès du député de l'arrondissement. Il a peur pour sa place. C'est pour cela qu'il a tenu à lui faire savoir qu'il ne s'était pas abstenu de figurer à cette manifestation politique.

— Votre député est donc bien féroce ?

— Il est comme les autres. Que voulez-vous? il veut être réélu, cet homme! Vous savez bien comment se font la plupart des élections d'arrondissement : au moyen d'agents électoraux dont les meilleurs sont les fonctionnaires. Si le député sortant ne paraît pas tenir ceux-ci dans la main, son affaire est à peu près sûre, allez ! Aussi a-t-il l'œil sur eux...

— Ah ! j'entends. Le juge de paix appartient au camp adverse ?

— Lui ? Le pauvre homme ! il ne demande qu'à vivre effacé et paisible au milieu de ses justiciables, sans se mêler de leurs querelles ni de leurs rivalités. Quant à être républicain, il l'est bien, je m'en porte garant. Notre député sait cela comme nous tous ! Seulement il lui reproche d'être trop tiède envers sa personne. Vous apprendrai-je qu'aux yeux d'un député d'arrondissement, la tiédeur, comme la neutralité, est un crime !

Avec des mœurs de cette sorte, que devient la liberté d'opinion ? Vous le voyez, on ne nous laisse même plus la liberté de rester neutre. Objectera-t-on que les lois constitutionnelles planent, impassibles, au-dessus des fautes commises à leur ombre? Je l'ai cru moi-même, je le crois encore en partie, et c'est bien cette conviction qui, toute sentimentalité historique mise de côté, me maintient malgré tout fortement attaché à notre République. Néanmoins je pense qu'il faudrait donner au pays plus d'air, plus d'élasticité; je pense qu'il faudrait enfin remplacer les fictions constitutionnelles par des réalités, et puisque nous prétendons être un gouvernement de liberté, en introduire les mœurs dans la vie politique et administrative. Toute une grande réforme sociale à entreprendre! Elle n'est pas indigne d'un peuple qui a le passé de la France.

La France se contenterait peut-être de la réforme électorale. Non qu'elle s'imagine que le scrutin de liste soit une panacée capable de guérir en vingt-quatre heures tous les maux. D'abord, il n'y a jamais eu, il n'y aura jamais de panacée dans aucune société. Mais le pays se rend compte, parce qu'il en souffre tous les jours dans sa chair vive, que le scrutin d'arrondissement est le plus dangereux virus parlementaire. Pour moi, rien ni personne ne m'en fera démordre. Je dis que c'est le « petit scrutin » qui est la cause directe de notre dépression morale et politique. Conservez-le, si vous l'osez — et si le pays vous le permet. Mais ne dites plus que c'est dans l'intérêt de la République, car vous savez bien qu'elle en pourrait mourir.

Un député indépendant — oiseau rare ! — avait été obligé d'aller exposer à un ancien président du Conseil, ministre de l'Intérieur, la situation malheureuse d'une centaine de cultivateurs à peu près ruinés par un ouragan. Il sollicitait, en faveur de ses concitoyens, le concours du gouvernement. Le ministre, l'ayant écouté, lui répondit textuellement :

— Le gouvernement ne doit son concours à un député qu'en raison directe du concours qu'il reçoit de ce député.

Traduisez : — Vous ne votez pas aveuglément pour nous, nous ne viendrons pas au secours de vos électeurs !

Ainsi, du député au ministre, comme de l'électeur au député, c'est la même chaîne d'esclavage. Ni les élus ni les électeurs n'ont la possibilité de rester dignement indépendants. Ils ne le pourront que le jour où ils seront affranchis par un système électoral dégagé de la pression gouvernementale et administrative.

CINQUIÈME LETTRE

LE GOUVERNEMENT EST-IL LIBRE DE CHOISIR ENTRE LA POLITIQUE ÉLECTORALE ET LA POLITIQUE NATIONALE ?

Le gouvernement de la République française doit-il faire de la politique électorale ou de la politique nationale ?

C'est là une question essentielle. Elle n'est pas neuve. Gambetta la posait devant la Chambre voilà trente ans bientôt : une coalition fomentée par les radicaux lui répondit en le renversant sur l'heure. En cette même séance historique du 26 janvier 1882, le tribun, tout entier à ses rêves de grande politique, suppliait les démagogues de l'extrême-gauche de dépouiller le personnalisme pour ne voir que le pays : ces haineux l'étranglèrent, et le rédacteur en chef de *la Justice*, dont la plume était ordinairement plus artificieuse, écrivit sans pudeur qu'on ne l'avait appelé au pouvoir que pour le mieux précipiter sur la roche tarpéienne. Le personnalisme et la politique électorale avaient conquis dans cette honteuse journée leurs premiers titres de noblesse radicale. On conçoit qu'ils s'en prévalent fièrement. Est-ce à dire que la République doive porter en elle longtemps encore ces deux germes de décomposition sociale, sous prétexte que le parti qui les lui inocula forme depuis nombre d'années le gros des majorités ministérielles ? Cela revient à se demander si les éléments constitutifs de la République sont décidément incompatibles avec les exigences d'une politique élevée, désintéressée, vraiment nationale.

Que faut-il entendre par politique nationale ? Est-ce cette politique chauvine, échauffée, belliqueuse, à laquelle mène fatalement ce que j'appellerais volontiers le patriotisme d'épiderme ? Pas n'est besoin d'être un anti-patriote — au sens assez laid de ce mot mal crédité — pour rejeter une conception pareille. La sagesse en détourne autant que la raison. Au surplus, nos peuples vieillis et blasés, appréciant désormais l'esprit de conquête au seul point de vue mercantile, préfèrent s'assurer l'hégémonie à coups de Bourse plutôt qu'à coups de canon. La guerre systématique ne peut plus, au moins dans cette période cahotée de révolutions scientifiques et économiques, constituer une méthode avouée de gouvernement. L'internationale de l'argent, plus redoutable encore aux conducteurs de peuples que l'internationale du travail, briserait ou paralyserait la nation assez insensée pour céder au fol orgueil de faire du cliquetis de ses épées la ritournelle de l'univers. Qu'entre les peuples d'aucuns restent par nature sujets à la démangeaison de ferrailler, ce n'est pas là le fait des puissances conscientes de leur mission civilisatrice. Celles-ci, si une légitime précaution leur impose le devoir de se garder toujours prêtes à toute éventualité, comptent moins sur les chances de la guerre que sur le développement de leur génie intime pour soutenir la grandeur de la patrie.

L'antagonisme aigu entre les nationalités n'est pas une condition indispensable à leur bonheur. Le plus fort stimulant de leur activité originale doit sortir moins du désir un peu fat d'étendre le patrimoine traditionnel que du besoin inné de le conserver, de le consolider, d'accroître sa valeur intrinsèque. Pratiquer une politique parfaitement nationale, un grand pays le peut ouvertement sans vouloir menacer ses voisins eux-mêmes. La paix universelle n'a donc rien à craindre des républicains français dont c'est le vœu de voir leur gouvernement placer une telle politique au-dessus des préoccupations nutritives de la trop gloutonne gent électorale.

Voilà bien, j'imagine, la distinction à laquelle, si l'on est un bon Français, si l'on est un vrai républicain, il faut se tenir : opposer la politique nationale à la politique électorale, ce n'est pas autre chose que de donner aux intérêts généraux de la nation la prééminence sur les intérêts privés des fiefs, sur le particularisme des clans.

Peut-être trouvera-t-on cette conception de la politique nationale un peu terre à terre. Et j'avoue qu'à première vue elle semble manquer de panache. Il est vrai qu'elle n'évoque ni armures ni harnais de guerre, pas plus que de grisantes chevauchées sur les routes infinies de la gloire et de la mort. Considérez cependant, si vous êtes possédé du goût de la bataille et des coups, considérez la somme d'efforts, la somme de luttes qu'en suppose le triomphe, et ce qu'il réclame de ténacité patiente, inlassable, dangereuse même. L'ennemi à réduire est formidable. Il tient garnison dans le pays entier : c'est la clientèle innombrable des politiciens. L'entreprise par conséquent n'est point sans risques ni périls, étant donné surtout, s'agissant de nos propres concitoyens, qu'il y faut réussir non par la hache, mais par la persuasion.

Or, quelles sont les vérités que le salut de la République commande de répandre dans les foules jusqu'à pleine adhésion de leur raison? Celles-ci : les appétits individuels des agents électoraux ne peuvent dominer les besoins généraux du pays ; l'administration n'a pas pour objet de drainer la fortune publique en vue de la distribuer à ses sportulaires ; en un mot, le gouvernement ne doit pas se transformer en syndic de coteries formées pour se partager les bénéfices sociaux. Persuader à ces foules égarées par les politiciens que le devoir de la République est de gérer les biens de la France scrupuleusement, au mieux de l'intérêt national, et non pas de les laisser dilapider follement, au profit de la caste parlementaire et de ses associés, la tâche vous paraît-elle si aisée? Elle le serait davantage, à coup sûr, si le pouvoir central avait l'énergie d'en prendre l'initiative.

Et c'est la question. Notre gouvernement peut-il (je ne dis plus : doit-il), notre gouvernement peut-il faire de la politique nationale ?

Si je me donnais la peine de relire les discours des hommes d'État de la République — leurs effigies épinglées formeraient à peine une mince brochette — ou même les discours d'une quantité d'hommes politiques, je me ferais fort d'en extraire des aveux d'impuissance à composer facilement un gros volume. Pourtant, ce sont là des républicains incontestables, ce que nous pourrions nommer des républicains patentés. D'eux, on ne saurait insinuer — la tenue de leur existence, le soin de leur intérêt ne le permet pas — qu'ils sourient à la réaction ou qu'ils frisent la révolution. Mais la pratique du pouvoir les ayant instruits, ils ont leurs heures de lucidité, leurs éclairs de franchise. Et les uns après les autres, ceux-ci avec une âpre brutalité à la Ferry, ceux-là avec une ironie philosophique à la Waldeck, ils fournissent chacun un témoignage de plus aux actes d'accusation qui se dressent, qui s'accumulent contre notre néo-parlementarisme. Je résume fidèlement leurs griefs en cette formule devenue banale : « Il est impossible de gouverner avec des Chambres pareilles. » C'est pourquoi, ne pouvant gouverner, tant de ministères ne pensent qu'à durer.

Les preuves de cette impuissance organique abondent. Je renonce à vous les énumérer, même en partie. Tout au plus rappellerai-je, parce que je les trouve suprêmement caractéristiques, deux mots pas trop anciens de ministres proclamant la cause initiale de leur *nolonté*.

A la tribune de la Chambre, un orateur dénonce les facilités excessives données au jeu; il réclame l'attention vigilante, la sévérité du ministre de l'Intérieur. Celui-ci, de son banc, objecte simplement : « Vous savez bien ce qu'en pensent les députés d'arrondissement ! » C'est toute sa raison suffisante. La Chambre rit, l'orateur se tait, la question est jugée : les députés d'arrondissement l'enfouissent, et le ministre, à leur exemple, jette dessus sa pelletée de terre d'un geste insouciant. — Dans la presse, le ministre des finances est interrogé sur l'accroissement effrayant des dépenses nationales : « Qu'y puis-je, soupire-t-il, levant les bras au ciel. Quand je songe à réaliser des économies, il m'arrive des députés, des délégations d'électeurs me demandant au contraire de nouveaux crédits pour ceci ou pour cela. Ils me forcent la main ! Les dépenses engagées, il faut bien que j'aie recours à une taxe nouvelle ou à un impôt nouveau ! » Mais les contribuables crient? Qu'importe si les députés d'arrondissement et leurs électeurs sont satisfaits ! Le ministre des finances ne se charge pas de calculer plus loin. — Et si vous questionniez tous nos secrétaires d'État à la queue leu leu, chacun invoquerait la même excuse : le député, ce Banquo terrifiant des ministres de la République. Ainsi le ministre de la Marine pourrait vous dire à quelles sollicitations il est en butte de la part des représentants des départements maritimes : l'été, l'hiver, on le supplie d'envoyer les escadres figurer dans les fêtes des villes de saison, comme si nos vaisseaux de guerre avaient pour destination de remplacer les bateaux de fleurs ! Et il n'est pas de petit port dont le maire, appuyé par le député, par le préfet, n'exige l'envoi de deux torpilleurs au moins pour animer sa fête patronale...

Situation trop attristante, certes. Cependant elle offre une contre-partie plutôt comique. « C'est la faute au député d'arrondissement ! » crie le ministre empressé à s'excuser, et il n'a pas tout à fait tort. Mais il ne voit pas, le malheureux, qu'à sacrifier aux parasites de son portefeuille les intérêts à lui confiés, il se rend le plus coupable envers le pays. « C'est la faute à mes électeurs ! » proteste aussitôt le député d'arrondissement, et si, tombant sur un honnête homme, vos remontrances provoquent en lui des remords, s'il consent une seconde à peser le poids de ses responsabilités, il vous ouvre soudain, dans un mouvement de colère, de dégoût, il vous ouvre son cœur, sa correspondance, sa serviette de cuir fatiguée et blanchissante. Ah ! le pauvre, le pauvre ! comme s'exclament à leur coutume ces braves gens du Midi restés d'une âme si latine — la République en sait quelque chose ! Nous disons que le député est le domestique de ses électeurs. C'est bien pis : il est leur homme d'affaires. Le cabinet d'un député ? Bureau de placement, bureau de renseignements, officine où tout se traite, où tout se rue : l'honneur, l'argent, l'amour, la fraude, la justice, et aussi la basse délation — ô Jacobins qui rougiriez d'une descendance aussi misérable !

Le député d'arrondissement se débattant entre ses électeurs, les uns solliciteurs falots, les autres gros bonnets arrogants, quel tableau à brosser pour l'enseignement de la patrie ! Un Balzac seul serait capable de mettre en relief ces personnages, tantôt complices, tantôt antagonistes, dans leur atmosphère de clair-obscur. L'électeur, je le voudrais situé en toute sa crudité naturelle. Mais je l'entends qui se défend à son tour d'être l'auteur de la déprédation générale. S'il est devenu ce qu'on dit, à qui le doit-il? Ministres, députés, fonctionnaires, c'est à qui le flattera, à qui l'appâtera, pour le séduire, pour l'enrégimenter. Comment n'apprécierait-il pas les avantages de la politique électorale ? Elle lui vaut largesse des deniers publics. Et par ailleurs, où prendrait-il les fameux principes ? Ceux qui ont charge de l'en instruire se gardent de lui en parler, car ils ont pour mot d'ordre :

« Silence ! puisque le corps électoral est avec nous ! »

Les forces gouvernementales et les forces sociales se contrecarrant, s'annihilant par l'effet de la corruption progressive du suffrage universel, qu'advient-il de la politique nationale ? Reléguée dans l'ombre, elle sommeille.

SIXIÈME LETTRE

L'INTÉRÊT ÉLECTORAL FAIT DES DÉPUTÉS LES HOMMES LIGES DES MINISTRES ET DES ÉLECTEURS.

La pluie tombait à flots depuis le lever du jour. De mes fenêtres, je contemplais, maussade, la tristesse infinie des champs délaissés. L'on n'y apercevait pas même le moindre vol d'oiseau. La terre semblait frappée de mort sous les écrasants nuages bas et noirs. Impossible d'aller par les routes noyées disperser mes songes en promenant ma curiosité. Las de lire, ce matin, j'ai rôdé souvent de pièce en pièce, et, indifférent aux choses, je m'en suis chaque fois revenu tapoter les vitres ruisselantes, impatiemment. C'est ce diable de facteur qui se fait désirer ! De lui pourtant, en dehors de mes gazettes habituelles, je n'attends rien. Mais il y a des moments où les plus sages eux-mêmes s'agitent sans raison et s'irritent. Enfin ! le voici.

Les journaux, une lettre, un petit paquet. La lettre est d'un ami qui m'envoie un médaillon ancien récemment découvert par lui et qu'il suppose devoir m'intéresser. Intrigué, vite j'ouvre la boîte de carton... Cette tête, si je la connais ! Tantôt je l'ai maudite, tantôt elle m'a enthousiasmé. Aujourd'hui, par ces heures sombres, elle me charme. Je la regarde longuement, et à mi-voix je lis les vers incrustés au ras du cou :

> Le vrai tourment du juste à son heure dernière,
> Et le seul dont alors je serai déchiré,
> Est de voir en mourant la pâle et sombre envie
> Distiller sur mon nom l'horreur et l'infamie,
> De mourir pour le peuple et d'en être abhorré.

Profil tout en arêtes. Celui d'un austère ou celui d'un orgueilleux. Peut-être les deux ensemble ! L'aspect est de quelqu'un de sensible et de triste à la fois, de dur et d'implacable à soi comme à son prochain, et qui, de son œil froid tel un couperet, défie du haut d'un superbe mépris les hommes et le destin.

Vous l'avez reconnu : c'est le profil de l'Incorruptible lui-même, — le profil de l'Inflexible.

Aimez-vous Robespierre ? Oh ! ne vous évanouissez pas. Cromwell a ses admirateurs. Par ailleurs, l'effigie du jacobin des jacobins placée à côté du masque de Bonaparte, n'est-il pas vrai qu'elle l'écorche à vif ? Si vous aimez Robespierre, relisez les vers précités et exaltez-vous. Si vous le haïssez, savourez la joie de penser qu'il eut de bonnes raisons d'être tourmenté. Il voulait, la sentence du médaillon le rappelle en exergue, il voulait que la France devînt le modèle des nations, l'effroi des oppresseurs et la consolation des opprimés. Poète ! poète !...

Quels esprits chimériques, ces terroristes ! Mais quels admirables idéalistes ! Oui, je sais, ils émondaient la nation assez brutalement. Du moins, inexorables envers eux, à l'occasion ils se décimaient aussi — et pour sauver la République. Le moyen était un peu rude, le but était glorieux.

Absorbé par les souvenirs qu'évoque en

moi le médaillon, je n'ai pas entendu l'arrivée d'une voiture maintenant rangée devant la maison. C'est un vieux camarade qui, installé non loin d'ici, vient me voir, certain de me trouver par ce mauvais temps. Les hasards de la vie ont fait de lui un député. « Il faut bien faire quelque chose ! » me confiait-il à l'époque où pour la première fois il sollicita son mandat. Il est entré au Palais-Bourbon sans ambitions ni besoins, il y est resté sans vanité ni intrigue, ne jouant aucun rôle, passant inaperçu parmi ses collègues quoique figurant aux yeux éveillés, demeurant dans la troupe par simple amusement, tant le spectacle de la comédie parlementaire le réjouit, — tout en l'écœurant. J'aime à causer avec lui. Bien portant, de jugement sain, d'esprit caustique, il est plein d'anecdotes et d'observations piquantes sur les politiciens. Il m'a fourni, sur les ministres, sur les députés, quantité de notes et de mots topiques dont je ferai emploi quelque jour pour notre commun amusement.

Il me prend des mains mon Robespierre, et,

l'ayant considéré, il me le rend en souriant :

— De mourir pour le peuple et d'en être abhorré!... Et vous voici tout rêveur. Ah! mon pauvre ami, comme c'est loin, si loin, de pareils hommes et de pareils sentiments! Croiriez-vous par hasard qu'à la Chambre nous songions une seconde à mourir pour le peuple, nous! Passés de mode, les coups de sang, comme les vapeurs des petites marquises du dix-huitième! Quant à être abhorrés par lui, c'est sans importance s'il vote quand même. Voyez comme nous prenons gaiement son mépris! Et ses murmures? Les finances, chacun le sait, sont dans un état plutôt piteux, je dirais même calamiteux. Les contribuables commencent de nous chanter pouilles. Cela nous a-t-il empêchés, le jour même où le nouveau ministère est venu nous présenter les politesses d'usage, de clore la session précipitamment? Tenez, le lendemain de notre séparation, je faisais antichambre chez un ministre.

— A mon tour de vous dire : Mon pauvre ami!

— Commissionnaire, n'est-ce pas tout mon métier avec le scrutin actuellement en honneur? Eh bien, il y avait là quatre ou cinq de mes collègues. L'un d'eux, comme mû par un ressort, se dressa brusquement; je le vis se précipiter vers la porte d'entrée où apparaissait, très grave dans sa redingote solennelle, le front sévère et lourd (ah! qui dira le poids des secrets d'État!), l'un de nos sous-secrétaires. Le dos plongeant, la voix mielleuse, il lui chantonnait : « Enfin, monsieur le Ministre, vous avez bien voulu nous renvoyer dans nos arrondissements. Grâces vous soient rendues! » L'autre, important, se rengorgeait devant tant de platitude. La scène était si grotesque, si humiliante, qu'en cette minute je rougissais d'être député, tel ce valet.

— Soyez-lui indulgent. Il n'est pas le seul de cette espèce.

— Comment donc! Tandis que dans mon coin je maugréais, mes autres collègues à leur tour s'empressaient, c'était à qui courberait le plus l'échine devant mon bonhomme de sous-secrétaire d'État — si épanoui! Ces messieurs se congratulaient à propos de l'heureuse permission de partir enfin aux champs. Le budget? Bah! ils n'y pensaient guère. En quelques semaines, à la rentrée, nous vous en bâclerons un vaille que vaille. Jusque-là, pour Dieu! laissez-nous jouir en paix de nos trois bons mois de vacances. La vie est si douce! Eh! eh! 15.000 francs d'indemnité, avec cela on peut se reposer. Quant à mourir pour le peuple, ah! non! votre Robespierre était par trop naïf. Et foin de ses tourments! Nous ne sommes pas ses petits-fils : nous sommes les petits-fils de Barras.

— Naïf!... Vous êtes injuste. Tout au plus vous accorderai-je que, plus orgueilleux, Robespierre eût pu dédaigner la malédiction populaire en s'appliquant la vérité historique si bien exprimée un demi-siècle plus tard par Renan : « Les plus grands hommes d'une nation sont ceux qu'elle met à mort. »

— Je ne suppose pas que vous osiez comparer le terroriste à ceux qu'Ernest Renan cite en exemple? Car je connais le couplet de l'admirable écrivain : « Socrate a fait la gloire d'Athènes qui n'a pas jugé pouvoir vivre avec lui. Spinoza est le plus grand des Juifs modernes, et la synagogue l'a exclu avec ignominie. Jésus a été la gloire du peuple d'Israël, qui l'a crucifié. » Est-ce ça?

— Pas un iota à changer ! Votre mémoire est très fidèle. Pourquoi votre cœur n'est-il pas aussi ardent ?

— M'inviteriez-vous à imiter nos ancêtres en affrontant la mort ?

— Pas du tout. La mort pour le bien public, vous le disiez justement, n'est plus de mode en France : en l'appelant, vous craindriez avant tout de vous rendre ridicule. Je suis moins exigeant. Ce que je voudrais, c'est que, vous qui êtes de bon sens et de bonne foi, député pas très appliqué peut-être, mais honnête, intelligent, clairvoyant et par-dessus tout républicain très ferme, sans conteste...

— Ah ! sur mes convictions, mon cher, je suis intransigeant.

— Eh ! oui, ami, et c'est bien pour cela que, dans l'intérêt de la République, je désirerais vous voir, avec ceux de vos collègues qui gardent encore une lueur du devoir à remplir, vous réveiller, suivre moins la majorité de la Chambre que la majorité du pays, secouer cette masse parlementaire sans dignité, au besoin casser les vitres, et non pas vous coucher — cédant à je ne sais quel esprit de camaraderie grossière — dans ce tas d'autruches politiques dénoncées l'autre jour par M. Raymond Poincaré avec un accent de franchise, de courage devenu trop rare, — autruches imbéciles, criminelles, qui nous préparent les pires catastrophes, vous le savez — et vous en êtes !

— C'est tout de même vrai ! J'ai beau vouloir conserver la liberté de mes votes, je me laisse entraîner, je compte finalement au nombre des oiseaux en question. L'engrenage, mon cher ! Que faire ? D'un côté, les électeurs à pourvoir, de l'autre, les ministres à ménager. Ah ! si nous étions élus au scrutin de liste...

— Eh bien, rétablissez-le.

— Oh ! moi, je le voterai des deux mains,

et beaucoup de mes collègues, croyez-le. Mais, prenez garde ! Déjà se trame contre son rétablissement une campagne d'autant plus dangereuse qu'elle est plus hypocrite. N'avez-vous pas lu ce que ses adversaires commencent à écrire ? Le scrutin de liste, disent-ils, c'est l'arme des réactionnaires...

— Gambetta, qui le prônait passionnément, n'était donc pas un républicain ?

— Oui, mais ils ont trouvé un argument encore plus redoutable. Ils disent aussi : « Le scrutin d'arrondissement, c'est celui qui a fait la séparation des Églises et de l'État. » De là à nous accuser, nous partisans du scrutin de liste, d'être des cléricaux...

— Et vous vous laisseriez intimider par une turpitude semblable ? Allons donc ! Si les tenants du petit scrutin lancent contre vous cette accusation, prenez les hypocrites au collet, traînez-les devant les électeurs. Là, comme la riposte vous sera belle ! Oui, le scrutin d'arrondissement a fait la séparation. En vingt années consécutives, sont-ce là tous ses titres de gloire ? Soyons plus justes pour lui! Récapitulons. Le scrutin d'arrondissement n'a pas fait uniquement la séparation : il a fait le Panama, il a fait l'Affaire Dreyfus (*Regardez dans vos circonscriptions!...*), il a fait la dilapidation des finances, et l'avilissement des mœurs, et la surenchère démagogique, et le favoritisme éhonté, et la candidature officielle plus cynique que sous le second Empire, et l'asservissement des députés aux ministres, et la domestication du pouvoir, et les « quinze mille » escamotés comme muscade alors que tant de petites réformes attendent des années et des années sous prétexte qu'il n'y a pas d'argent! Est-ce là tout? Non! il y aurait encore à montrer l'influence désastreuse du scrutin d'arrondissement sur l'organisation des armées de terre et de mer, sur la politique étrangère de la France, sur les sentiments réels du pays à l'égard de la République même. Elle est si décriée, la malheureuse, à cause des politiciens de clocher, que de vieux démocrates, pensant au mot sévère de Guizot « La République est le gouvernement des grandes espérances et des grands mécomptes », n'ont plus qu'une confiance inquiète.,.

Le ciel s'était éclairci, la pluie avait cessé. Nous décidâmes de marcher un peu. Lors, mon ami :

— Les théories, c'est très joli. Ce qui importe, c'est leur application. J'irai bientôt visiter mes électeurs. Venez avec moi! Ce sont de braves gens. Ils vous diront sans détour ce qu'ils pensent de la Chambre et de la réforme électorale.

— Ma foi, cher ami, j'accepte, et je veux être confondu si vos électeurs ne sont pas de notre avis sur le scrutin de liste.

SEPTIÈME LETTRE

LA PROVINCE COMMENCE A SE PLAINDRE ET A MÉPRISER SES ÉLUS.

Tout l'été, les parlementaires ont eu le loisir de savourer en paix leur glorieuse popularité. Ce fut le grand calme. La France, soit insouciance, soit scepticisme, s'amusait ou somnolait. Les tribuns — leurs nerfs détendus — se taisaient. Ce n'était pas le silence de l'abjection stigmatisé sous la tyrannie et par Tacite et par Chateaubriand. C'était ce silence calculé de l'affût qui livre aux bourreaux embusqués une proie trop confiante. L'art des politiciens semblait tendre uniquement à inculquer avec douceur au pays la croyance que, du moment qu'ils sont en place, *beati possidentes*, tout est pour le mieux dans la meilleure des Républiques, et que les électeurs n'ont plus qu'à se laisser mener au scrutin général de 1910 pour y consacrer, par les mêmes moyens, les mêmes hommes et les mêmes folies.

C'est durant ces jours de paix fourrée que j'ai visité, en curieux attentif mais impartial, quelques petites villes et villages où l'homme peine sans révolte pour son pain quotidien. De rapporter en cent lignes tout ce qu'il m'a été donné d'entendre et de voir, je n'y songe point. Je voudrais seulement essayer de vous traduire l'impression d'inquiétude à la fois et d'espoir ressentie au cours de mes conversations familières avec les uns et les autres. J'aime à écouter les villageois. Leurs entretiens, je le reconnais, ne rappellent que de loin ceux de Gœthe avec Eckermann. Du moins ont-ils cet avantage, si on les poursuit sans façon, de renseigner sur les sentiments des campagnes plus exactement qu'un rapport de fonctionnaire, plus sincèrement qu'une élection législative.

La région où je me suis promené est foncièrement républicaine. Mes interlocuteurs étaient des républicains de tradition et plutôt des avancés. Eh bien, ce qui m'a frappé chez eux, c'est leur besoin de tranquillité publique, c'est la modération de leurs désirs. Non qu'ils ne se rendent compte qu'il y a dans la société des inégalités, des injustices criantes. Mais la nature, qui les frappe elle aussi de coups immérités, leur enseigne à se résigner tant qu'il est impossible de faire autrement. Le bonheur édénique des cités d'utopie, ils n'y pensent guère, les braves, prêts à s'estimer parfaitement heureux si, le travail de la terre leur procurant un gain plus raisonnable et moins rogné par le percepteur, ils obtenaient de plus certaines commodités de première nécessité qui font encore défaut en trop d'endroits. Que leur parle-t-on de grandes réformes sociales! alors qu'en fait d'écoles tant de bourgs possèdent de vilaines masures, que telles communes manquent d'eau, que tel canton se dépeuple et s'éteint dans la misère faute des plus élémentaires moyens de transport pour l'écoulement de ses produits. Leur bon sens s'arrête d'abord à des questions vitales. Les résoudre est tout leur vœu. Ah! si l'administration voulait les y aider. Mais elle est si compliquée, si lente, si absorbée par la politique ! Elle ne se montre empressée que lorsqu'il s'agit de puiser dans le bas de laine.

J'effleure ici un sujet important. Rarement, et cependant le mécontentement n'est pas né d'aujourd'hui, j'ai recueilli des plaintes aussi vives sur les exigences grossissantes du budget national. Le renchérissement de la vie a frappé les campagnes comme les villes. Mais il n'y trouve pas toujours pour contre-partie les expédients ingénieux ni le surcroît de ressources demandées dans les grands centres à un surcroît de travail ou d'habileté. Par suite, l'augmentation croissante des impôts y produit un effet également plus sensible. Peut-être le contribuable campagnard jette-t-il moins les hauts cris que ne fait le citadin. Seulement, tandis que celui-ci s'emballe un jour bruyamment puis en maugréant paye et n'y songe plus, celui-là rumine son préjudice et son ressentiment. Or, de nos jours, et c'est un symptôme, il ne cache plus sa colère. Elle prend de telles proportions qu'elle touche presque à la rébellion contre les lois. Celles-là même dont on s'efforce de lui démontrer qu'elles l'avantagent, il les repousse. Par exemple, et je tiens le fait de plusieurs maires qui s'en désolaient non sans l'excuser, les petits propriétaires sont réfractaires à la loi sur le dégrèvement de la propriété foncière. Le plus grand nombre d'entre eux paraît appelé à en bénéficier contre une simple déclaration sincère des bien-fonds. Cette déclaration, ils s'y refusent. Ils ne se dérangent même pas à l'appel des contrôleurs. Comment, devant cette passivité, devant cette résistance, la loi sera-t-elle appliquée? Ce n'est pas mon affaire d'en décider. Si elle l'est fâcheusement, ce sera la conséquence de l'extrême défiance suscitée par toutes les mesures financières de l'État. Aujourd'hui, les habitants des campagnes sont convaincus que toute nouvelle réforme budgétaire a pour résultat l'établissement d'un nouvel impôt. Vous pensez s'ils se plaignent avec âpreté! « La République, oui! s'écriait un cultivateur qui a fait ses preuves de républicanisme. Mais si les impôts augmentent chaque année, alors!... » Trop d'impôts! Messieurs les députés, prenez garde...

Et soyez moins aveugles. Malgré les protestations intéressées de l'optimisme officiel qui vous vient fatalement à l'aide, chose trop naturelle avec une Constitution aussi faussée, le malaise, la perplexité sont indéniables. Je sais bien que vous comptez en triompher comme d'habitude à force de promesses, de cajoleries, de flagorneries, voire de périls imaginaires. Moyens de séduction trop usés. Le pays aujourd'hui connaît toute la fourberie de la mascarade parlementaire, et ce ne sont pas les invectives passionnées des pamphlétaires qui l'en instruisent : ce sont, avec votre surenchère de lois informes, les vérités que vous vous jetez par la figure à la tribune du Palais-Bourbon.

On n'a pas oublié l'interpellation sur la politique générale qui remplit de longues séances en juin et juillet. « Discussion académique! Débat fastidieux! Ponts-neufs à l'usage des éternels mécontents! » C'est en ces termes que les nouvellistes la présentaient aux lecteurs de leurs journaux. Par malheur pour la Chambre, à côté de ces rapides appréciations dédaigneuses, le bon public lisait les extraits des discours prononcés. Comment sa surprise n'eût-elle pas été extrême ? Les orateurs étaient nombreux, et, quoique de partis opposés, tous, bien entendu sauf le chef du gouvernement, tous, tantôt avec véhémence, tantôt avec mesure, exprimaient la même opinion sévère sur la banqueroute du parlementarisme actuel. Impuissance, discrédit, déconsidération, mépris, de M. Gautier (de Clagny), à M. Jaurès, sans oublier les autres censeurs, on ne lui reconnaissait pas de plus belles vertus, et M. Camille Pelletan, qui sait sa langue, devait bientôt prononcer cet arrêt suprême : « C'est une Chambre de gamins ! » Sans doute, au Palais-Bourbon, au moins la rumeur nous l'apprit, les ministériels se disaient : « Laissons parler ces bavards. Ils amusent le tapis. Ce n'en est pas moins nous qui ferons les élections ! » Car voilà pour les bénéficiaires la grande pensée du régime : faire les élections! Mais le pays, déjà indisposé par bien des choses, se demandait s'il ne serait pas possible de choisir des représentants plus enclins au travail et plus férus d'estime publique. Si bien qu'à l'heure même où les députés jouissaient d'une apparente sécurité les électeurs commençaient à s'entretenir davantage de la réforme électorale.

Je n'ai pas la naïveté de croire que tous les citoyens français vont du jour au lendemain se désintéresser des intérêts électoraux et des appétits individuels que l'on peut par eux satisfaire. Cependant, si j'ai bien jugé mes compagnons de rencontre, il m'est permis de noter une défaveur grandissante à l'égard des députés de clocher. Ma foi! on se sert d'eux, puisqu'il le faut, et tout en les craignant on se plaît même à les rabaisser. Toutefois — l'électeur a de ces contradictions — on les préférerait moins mêlés aux querelles locales, moins accessibles aux quémanderies du premier venu, en un mot plus imposants parce que plus préoccupés du pays que de leur bourg pourri. Expliquez si vous le pouvez cette tendance nouvelle des esprits dans ces mêmes provinces où, le député exerçant son influence sur les plus petites choses, chacun est forcé de solliciter sa protection. Pour moi, et j'espère ne pas me tromper, j'imagine volontiers qu'il y a là un réveil inconscient d'idéalisme. On l'a reconnu depuis longtemps : le peuple, au fond, n'est pas matérialiste. Il pense à ses intérêts — la vie ne l'y oblige-t-elle pas ? — mais il veut aussi contenter son esprit, et c'est pourquoi, en France il s'est toujours passionné pour les idées. N'est-ce pas à cause de sa poésie première que la République le séduisit jusqu'à mourir pour elle? S'il paraît s'en détacher, n'est-ce point précisément parce qu'il la voit représentée par de vulgaires trafiquants ?

Au cours de l'interpellation dont je parlais, un orateur, M. Joseph Reinach, disait que si le parti républicain venait à délaisser les idées générales qui furent autrefois sa gloire et son honneur, elles ne disparaîtraient pas de ce pays : elles trouveraient d'autres défenseurs pour les faire leurs et pour s'en armer contre la République. A celle-ci de veiller. L'occasion lui est offerte présentement de prouver qu'elle n'est pas à jamais brouillée avec l'idéalisme. Une réforme se trouve proposée qui remettrait les individus et les intérêts particuliers à leur place, c'est-à-dire au-dessous des principes et des intérêts généraux. Si le parti républicain l'adopte, il se relèvera dans l'opinion. S'il la repousse, l'improbation générale l'emportera.

Mais à quoi bon parler d'idéalisme et d'avenir à des députés enlizés dans la matière ! Le présent seul les intéresse — et leur réélection. « Pourvu que ça dure ! » grognait avec le dur accent de son terroir Mme Lœtitia. Ça ne dura pas. Ça ne dure jamais lorsque les gouvernants s'entêtent dans leurs erreurs. Or il n'est pas d'erreur plus funeste à la stabilité des gouvernements que le mépris de l'opinion publique et la tendance à prendre l'abandon du pays pour un consentement.

HUITIÈME LETTRE

LES MŒURS ALIMENTAIRES DU SCRUTIN D'ARRONDISSEMENT ET LEURS CONSÉQUENCES.

Les coutumes vicieuses qui président aux élections législatives en France soumettent la raison politique à la raison gastrique. Si l'opinion est vraiment la reine du monde, la gourmandise, grossière ou raffinée, est la reine incontestée des collèges électoraux institués selon le système cher aux génies de clocher. Là règne souverainement la politique alimentaire, et, loin de la flétrir, ceux dont le rôle est de la répudier s'en font au contraire les superbes hérauts.

A la fin d'un banquet organisé dans un modeste chef-lieu d'arrondissement pour célébrer la fête du 14 Juillet, le député discourant se glorifiait d'être dans la circonscription l'unique dispensateur des places et des faveurs, l'indispensable intermédiaire entre les fonctionnaires et le gouvernement, le maître tout-puissant devant qui chacun doit s'incliner sous peine d'être brisé : le sous-préfet, assis à ses côtés, écoutait et applaudissait. Dans un autre banquet, celui-ci machiné en vue d'une candidature, et donné sous la présidence, s'il vous plaît, de M. le préfet lui-même, un orateur officiel résume les mérites du candidat futur en insistant sur le nombre prodigieux d'emplois qu'il a fait obtenir à ses compatriotes grâce à ses relations variées : élu, de quel Pactole ne sera-t-il pas la source pour la coterie triomphante !...

Les historiens objectent que l'art d'affriander son prochain fut jusqu'ici le véritable ressort des démocraties égalitaires et électives. Je veux bien en convenir. De plus, et ce au risque d'encourir l'anathème des anticléricaux de tréteaux, j'admets parfaitement avec les moralistes chrétiens qu'il ne suffit pas d'édicter des lois pour créer des sentiments, et qu'elles sont tout au plus bonnes à refréner les passions. Encore est-il à souhaiter qu'un grand peuple ne donne pas à penser, par ses mœurs politiques, que le principe de ses institutions basées sur la liberté et sur le progrès produit normalement la corruption, cynique ou sournoise. Si les lois sont inaptes à transformer les cœurs, sont-ce les pratiques dont le spectacle frappe nos yeux qui corrigeront les lamentables défauts du corps électoral ?

Dans l'une des petites villes où je promenais le nez au vent mon obscur individu, un secrétaire de ministre comme par hasard se pavanait. Le pied ferme, la main large, la tête haute, il respirait cet air avantageux des jeunes personnages que l'on voit sur les degrés du pouvoir figurer les dauphins de la République. Sa présence chez les villageois faisait événement. Peut-être dans la cohue parisienne le brave garçon passe-t-il inaperçu. Le reflet de la puissance ministérielle ici tout entier l'éclairait. « Il semble qu'on livre en gros aux premiers de la Cour l'air de hauteur, de fierté, de commandement, afin qu'ils le distribuent en détail dans les provinces. » Celui-là prenait son rôle à la lettre, tranchant de l'Éminence grise, singeant le maître lui-même. Le maire de la ville, pris à ses manières, lui présenta requête au nom de ses administrés :

— Monsieur le secrétaire, lui dit-il poliment, nous attendons depuis nombre d'années le dépôt d'un projet de loi d'intérêt local d'une considérable importance pour nous : tout l'avenir de notre petit pays en dépend ! L'a-t-on oublié ? L'a-t-on égaré ? Les années passent, les ministères aussi, sans que jamais l'on nous fasse droit. Vous, monsieur le secrétaire, qui êtes l'ami du ministre, quasi son sosie, ne pourriez-vous lui parler de notre affaire ? Certes, nous savons que celles du pays vous donnent bien des préoccupations, bien des soucis ! Mais il vous suffirait de dire deux mots à votre ami, il ferait sûrement cela pour vous, et quelle reconnaissance vous en auraient mes concitoyens !...

Le maire avait prévenu de sa démarche les adjoints. En hâte, ils accourent s'informer du résultat :

— Vous l'avez vu ? Qu'a-t-il dit ? En parlera-t-il au ministre ?...

— Non, mes amis, il n'en parlera pas au ministre, car il paraît que si nous n'avons pas encore obtenu satisfaction, c'est de notre faute. D'ailleurs, il ne dépend que de nous de la réparer !

— Qu'est-ce à dire ?

— « Mon cher maire, m'a-t-il fait, comment voulez-vous que le gouvernement s'occupe de vous ? Il ne saurait vous prendre au sérieux : vous changez de député tous les quatre ans ! Ah ! si, aux prochaines élections, vous réélisiez celui qui vous représente aujourd'hui, alors, je vous le promets, le gouvernement vous accorderait ce que vous demandez. » Vous le voyez, mes amis, nous savons maintenant, si nous voulons avoir enfin gain de cause, ce que nous devons faire...

L'incident fut ébruité dans quelques groupes. Comme on évoquait avec indignation devant moi le temps des affiches blanches, je souris. A quoi bon prendre au tragique cet excès de zèle en faveur d'un parlementaire ami du pouvoir ? Mieux vaut en tirer la leçon. Or, celle qui découle du fait énoncé présente-t-elle un caractère si exceptionnel ? Elle rentre tout simplement dans la catégorie des innombrables petites causes qui ont créé en beaucoup de régions contre les élus du scrutin uninominal une impatiente hostilité. On disait récemment qu'il y a un rapport de cause à effet entre la façon de voter et la façon dont les affaires publiques sont conduites. Il existe un identique rapport entre la façon dont les députés se comportent envers les citoyens et la façon dont les citoyens jugent les députés. Ceux-ci ne sont aujourd'hui si décrédités que pour avoir pris l'habitude de mettre l'intérêt général après leur intérêt particulier. Le personnalisme des élus s'appuie sur un égoïsme si tyrannique qu'aucun moyen ne les offusque qu'ils supposent capable d'asservir les électeurs comme de simples tributaires. Aussi, d'une République de suffrage universel, ont-ils fait une République de servitude.

La réplique des politiciens aux accusations qui de ce chef s'élèvent contre eux sur tout le territoire, personne ne l'ignore ni n'en conteste la visible justesse. Ils disent qu'entre les électeurs et les élus il y a réciprocité de servitude, que le personnalisme des premiers égale le personnalisme des seconds, s'il ne le dépasse. De nos jours, la chose est évidente, les députés sont considérés non plus comme des représentants chargés de discuter, de défendre, d'assurer le bien public, mais comme des hommes d'affaires préposés à l'administration des intérêts privés de chacun de leurs commettants. Il suit de là qu'ils sont assaillis de sollicitations, et souvent les plus bizarres.

Nous avons tous reçu des confidences de parlementaires. Les services, les commissions que l'électeur réclame d'eux, c'est la plus grosse part de leur vie publique. Elle s'étend des questions les plus graves aux objets les plus futiles. Que ne leur demande-t-on pas ! Tantôt des emplettes domestiques, tantôt de simples adresses, tantôt souvent de quelconques renseignements que le premier venu peut se procurer en ouvrant un Larousse ou un Bottin. Encore si l'électeur s'en tenait ces broutilles ! Mais il exige que son député intervienne dans ses affaires de famille, ses contestations, ses procès. N'ai-je pas sous les yeux la lettre d'un cultivateur suppliant le parlementaire « pour qui il a voté » d'user de toute son influence, de s'adresser au besoin au Président de la République, afin de lui rendre sa femme qui a quitté le domicile conjugal !

En vérité, il semble que les mœurs politiques aient oblitéré chez beaucoup de citoyens le sens moral. En voici un qui prétend aux palmes académiques parce que le hasard l'a nommé une fois président du jury des assises de son département. En voici un autre qui propose à un sénateur de partager avec lui le gros lot d'une loterie s'il le fait attribuer au billet dont il est possesseur. Que dire de celui-ci, qui, pris en flagrant délit de vol par trois témoins, s'en vient consulter son député sur le chiffre des dommages-intérêts à leur réclamer pour calomnie : « Mais puisqu'il y a flagrant délit ! — Oh ! les témoins n'étaient que trois, et j'en ai trouvé quatre pour les contredire. Alors, avec votre protection... » Les anecdotes de cette nature fourmillent. Je sais un député qui collectionne, en vue d'un recueil à publier le jour où il sera rendu à la vie privée, des lettres d'électeurs pleines des sollicitations les plus pittoresques, les plus abracadabrantes.

Si l'on doit rire de ces faits ou en être révolté, je vous en laisse juges. Leur constatation est-elle une raison suffisante à l'absolution des parlementaires? Je pense au contraire, et je le dis sans aucune espèce de parti pris, qu'elle aggrave leur cas. L'affluence croissante des solliciteurs, sérieux ou baroques, n'est-elle pas la conséquence directe de leur omnipotente ingérence dans les actes les plus divers de la vie nationale ? Ils sont les propres auteurs du mal dont ils se proclament les victimes enchaînées. Non seulement ils n'ont jamais combattu la dépravation des mœurs politiques, mais ils l'ont encouragée, ils l'ont flattée, semblables à ces parasites qui entretiennent les vices d'un mineur suborné pour le mieux exploiter. Par les deux ou trois exemples cités au commencement de cette lettre, et leurs pratiques quotidiennes nous en offrent bien d'autres ! je vous ai montré que les politiciens sont les premiers à émouvoir, à exciter, à appâter l'intérêt privé. Maintenant, s'il les lie jusqu'à les perdre, qu'ils fassent leur *mea culpa !*

Le plus triste, en cet état de dépravation générale, ce n'est pas le sort des parlementaires, c'est le nôtre. Ce que seront les futures élections législatives, pas besoin d'être grand clerc pour le deviner. Menacé, le scrutin d'arrondissement, qui a élargi impunément le favoritisme et la servitude des passions, va user pour sa défense de toutes les violences et de toutes les hypocrisies. Une vaste foire aux appétits, troublée uniquement par les rivalités d'influences, animera chaque circonscription, et dans le heurt salissant des clientèles mobilisées, on verra

Français contre Français, parents contre parents,
Combattant seulement pour le choix des tyrans.

Je songe à un vieux paysan, qui eut toute

sa vie la superstition de la République, avec lequel je m'entretenais des gens de son village. Je le questionnais sur leurs habitudes, sur leurs penchants, sur la tendance de leurs opinions. Et lui, hochant la tête tout en secouant sa pipe, il me renseigna de ce seul mot :

— Il n'y a plus d'enthousiasme !

NEUVIÈME LETTRE

LE BOULEVARD DES POLITICIENS : LA PROVINCE.

Quand il se rencontre un fâcheux qui ose dire que la République dévie, que la province se désaffectionne, que le pays laisse apercevoir des indices de frémissement, les politiciens le raillent de la façon que voici :

— Le Parlement est le maître de la France. Sans lui, qui concrète le pouvoir exécutif, le pouvoir administratif, le pouvoir judiciaire, rien ne vaut. Tout ce qui se dit, tout ce qui se fait en dehors de la Chambre et du Sénat est comme non existant. Les clameurs de la presse elle-même (oh ! ne protestez pas) expirent aux grilles du Palais-Bourbon : lorsque, toutefois, leur écho se prolonge jusqu'à la tribune, nos voix se rassemblent d'instinct pour les couvrir d'une flétrissante réprobation. Le Parlement seul — et c'est assez. Les plaintes marmonnées çà et là dans les provinces, les mécontentements, les colères, les menaces même, que voilà des manifestations bien vaines, bien méprisables, au regard d'une puissance si absorbante, d'une puissance établie si solidement!

Si le fâcheux a la naïveté de répliquer que cette formidable puissance n'est fondée que sur la bonne volonté du pays, sur sa patience également, que celle-ci pourrait comme en d'autres temps n'être pas illimitée ; si, encore plus ingénu, il ajoute que les électeurs, à se voir tant moqués, tant joués, tant méprisés par leurs élus, un beau jour seraient capables de faire table rase, les politiciens de modifier le thème de leur optimiste discours :

— Ces chers électeurs ! C'est matière triturable à souhait. La potion à leur administrer selon les circonstances, soporifique ou excitant, cela nous connaît. S'il les faut effrayer de la réaction ou de la révolution, les enflammer de patriotisme ou les enrager de l'anticléricalisme, nous avons la manière : déjà ne s'en aperçoit-on pas? Négligeons donc ce côté de la question. Aussi bien est-ce là surtout l'affaire des préfets et des sous-préfets, ces excellents agents électoraux. Admettons sans détours — pour vous être agréable! — que la province est mécontente réellement. Paris l'est-il aussi? car, posant un problème, vous nous en devez toutes les données. Celle-là n'est pas mince. Examinons-la ensemble.

« Nos villages, nos bourgs, nos jolies petites villes aux rues boueuses ou poussiéreuses, une fois avalé le dernier punch d'honneur offert par le comité radical, ou radical-socialiste, ou socialiste indépendant (nous n'en sommes pas encore à constituer des comités d'unifiés, mais patience!), toutes ces centaines d'agglomérations, tous ces milliers de cellules semées de la plaine à la montagne s'estompent peu à peu à nos yeux, et maintenant, devant nous, c'est la ville immense, c'est la capitale prodigieuse, c'est Paris! Qu'y voyons-nous? Est-ce la vie héroïque prônée par une demi-douzaine de théoriciens assez fous pour oublier leurs propres misères humaines à agiter de chimériques idées qui font d'eux le jouet des ambitieux et la risée des tristes foules bestiales ruées à l'infernale lutte pour l'existence? Point. C'est la vie grouillante des intérêts et des passions, la vie exaspérée de tous les appétits en bataille, la vie brûlée où le succès — même sale — compte seul, et non pas cet impalpable idéalisme des songes-creux qui ne savent que gémir au lieu d'agir.

« Ici, entendez-vous des plaintes? Celles des vaincus du jour, peut-être! Mais d'autres chairs, demain, seront broyées. Détail infime dans la gigantesque mêlée. La vie veut du sang! Les cris de détresse se perdent au milieu des cris d'allégresse. Lisez, écoutez, regardez! La grande ville offre le spectacle d'une kermesse inouïe. C'est la fête perpétuelle avec son cortège de folles prodigalités. Le luxe croît de jour en jour. L'or coule avec lui. Raffinements du bien-être, modes somptueuses, plaisirs innombrables, tout ce faste éblouissant crie la richesse, l'aisance, l'insouciance. Dans les griseries de cette multitude assoiffée de jouissances matérielles, que pèsent les préoccupations de notre petit monde politique ? A peine servons-nous à la population de sujet de distraction, d'aliment à l'inoffensif persifflage qui est l'un de ses passe-temps favoris. Comprenez-vous dès lors notre tranquille scepticisme lorsque nous entendons dire que la province s'émeut ? Ce n'est pas à eux seuls que les départements, le voulussent-ils, abattraient l'imposante forteresse constitutionnelle qui nous abrite sur les rives de la Seine : une telle entreprise exigerait le concours de la capitale. Or, Paris s'amuse. Dormons en paix ! »

Sous le Directoire aussi les Parisiens s'amusaient, et ferme, les gaillards ! Cependant, au matin du 18 Brumaire, La Fayette lui-même respirait la délivrance, saluant le changement de gouvernement avec *joie* et *espoir* : ce sont ses propres expressions. Ce qui en advint par la suite, il le regretta avec douleur, mais — que voulez-vous ? — lorsqu'on étouffe dans une pièce pestilentielle fermée hermétiquement, on brise les vitres d'un coup de poing, sans réfléchir que l'air froid du dehors peut en affluant donner le coup de la mort.

Opposer à la province l'inanité de son mécontentement si Paris y demeure insensible, l'argument n'est pas neuf. Il date de plusieurs siècles en effet. C'est Henri le Balafré qui l'éprouva l'un des premiers. Comme il dénombrait avec confiance les villes adhérant à la Ligue de qui il espérait tenir la couronne de France, d'un mot sa mère le démonta : « Ce n'est rien que tout cela, mon fils. Si vous n'avez Paris, vous n'avez rien. » Elle exprimait là une vérité de fait dont tous les gouvernements jusqu'à nos jours ont dû subir les effets, quitte, lorsqu'ils en avaient le moyen, à les forcer, tels Mazarin et M. Thiers. Encore que les leçons du passé soient toujours à méditer, néanmoins on ne doit pas confondre les situations. L'occupation de Paris, avec son consentement ou non, est nécessairement la condition finale des guerres civiles. En temps régulier, lorsque les factions se contentent de disputer, n'ayant pas l'habileté ou l'audace de transformer en un complot très sérieux leurs tapageuses cabales, il est facile, s'appuyant sur la France, de triompher de Paris, de gouverner sans son assentiment. On l'a bien vu sous le boulangisme et sous le nationalisme. Ils dominèrent Paris l'un et l'autre entièrement. Inutile là-dessus de chicaner ! Je ne parle pas de l'opinion des salons, cela n'a aucune importance dans les commotions populaires. Mais qui ne sait que, il y a dix ans, s'il se rencontrait par hasard cent à deux cents républicains osant acclamer Marianne dans la rue, aussitôt il surgissait mille à deux mille nationalistes qui les assommaient à la grande joie des marchands ? Le boulangisme et le nationalisme cependant, quoique maîtres de la capitale, ont succombé. Qui les a vaincus ? L'opinion de la province.

Nous n'avons pas à nous demander si, en ces périodes où la République se crut légitimement en danger, la province eut pleine liberté de manifester ses sentiments avec sincérité. Considérons le résultat acquis sans rechercher comment il fut obtenu. Le fait matériel importe seul dans un régime où la majorité des suffrages — purs ou viciés — fait loi. Donc le parti parlementaire remporta, après 1889 et après 1899, une double victoire départementale qui oblige à diverses considérations d'ordre général. Il ne convient pas en ces rapides propos d'en retenir plus de deux. La première nous enseigne que, contrairement à Paris, toujours prêt dans l'attente passionnée d'un « sauveur » à subir ce que l'on a baptisé une crise de messianisme, la province s'y montre réfractaire obstinément. Que ce soit par respect pour la maxime admise des moralistes politiques selon laquelle, dans un gouvernement représentatif, on ne se place point derrière un homme mais derrière une opinion, il y aurait candeur à le supposer. On soupçonne aisément des raisons d'un genre moins relevé. Quoi qu'il en soit, il résulte par là même que la province constitue le plus solide boulevard des politiciens, et c'est la deuxième preuve démontrée par les défaites successives des boulangistes et des nationalistes. Cela admis, on est en droit de poser aux politiciens la question suivante : « L'opinion de Paris étant, d'après vous, tantôt négligeable, tantôt réprimable sans trop de difficultés, si les départements vous échappaient, que deviendriez-vous ? Disons mieux : que deviendrait *votre* République?... »

J'ai pris plaisir à interroger sur ce point plusieurs députés rencontrés çà et là, — on s'instruit toujours à causer avec des hommes de bonne foi ! Mes interlocuteurs, je leur rends cette justice, m'ont laissé la même impression. Ils savent fort bien que, quoi qu'ils disent dans les couloirs de la Chambre pour se rassurer les uns les autres, l'électeur — quand les portes du Palais-Bourbon sont fermées — c'est tout de même quelque chose. Mais, d'une part, ils n'admettent pas que sur ces quatre années de législature, même surchargées des quinze mille et des retraites parlementaires (leur besace est doublement remplie, ils l'oublient moins que personne !), ils n'admettent pas que ces années d'impuissance, de déconsidération, leur aient aliéné l'électeur totalement. D'autre part, ayant sauvé le scrutin d'arrondissement, ils se promettent d'en user la prochaine fois de telle façon qu'il les renvoie en majorité assez compacte pour enterrer cette maudite réforme électorale à jamais. Au total, ces messieurs ont confiance. Mais oui !

Pourquoi, d'ailleurs, à y bien regarder, les politiciens seraient-ils sérieusement inquiets? Tout est en leurs mains — ils s'en vantent avec raison. Leurs fiefs sont bien gardés, à la fois par les fonctionnaires et par les comités. Imagine-t-on que leurs créatures vont se retourner contre eux? que l'administration, leur alliée parce que leur complice, va les abandonner? La réforme électorale entraînerait, a-t-on dit, la réforme administrative. Cette pauvre représentation proportionnelle, que d'ennemis elle devra affronter!...

En mon esprit s'établit — par contraste — un rapprochement singulier. Il m'obsède, je l'exprime. Alors qu'Armand Carrel bataillait de la plume et de l'épée pour chasser Charles X du trône et pour y placer le prince qui devait être Louis-Philippe, un vieil homme d'État dit au jeune publiciste fougueux :

— Prenez garde, mon ami ; en politique, les généreux périssent !

Les événements devaient apprendre au grand journaliste combien juste était cet avertissement. Ce n'est pas la générosité qui étouffe les politiciens... Doit-on croire qu'ils ne périront pas ? Tout de même, à leur place, je ne serais pas très rassuré...

DIXIÈME LETTRE

PRESSION DES PRÉFETS SUR LES ÉLECTEURS.

Au printemps dernier, des amis envisageant librement les conséquences possibles de la réforme électorale, l'un deux, qui est député, leur livra en mots brefs toute sa pensée :

— Quel que soit le système électoral appelé à fonctionner en 1910, l'important est que nous ayons, pour faire les élections, un bon ministre de l'Intérieur.

Il ne disait pas, remarquez-le, pour *présider* aux élections, il disait bien : pour *faire* les élections. C'est l'expression courante dans les Chambres : on ne saurait spécifier plus clairement que la politique s'y ramène en fin de compte à la manipulation des électeurs. Quelqu'un apostropha l'honorable :

— Si je vous comprends, vous désireriez avant tout que le titulaire de la place Beauveau fût à l'occasion choisi dans votre groupe ?

Il eut un geste de dénégation :

— L'étiquette politique de ce ministre n'offre pas l'intérêt capital que l'on suppose communément. Dans une période électorale, l'entente entre les groupes de la majorité s'impose à l'état de nécessité. En fait, de quoi s'agit-il pour eux ? Tout simplement de conserver la situation d'ensemble dont chacun tire sa part de bénéfices. Également, un même intérêt de position soude le ministère et sa majorité. D'où il résulte que la nuance personnelle du ministre de l'Intérieur devient secondaire : elle doit forcément s'effacer pour s'harmoniser avec les différentes couleurs de la mosaïque parlementaire sur laquelle s'appuie le gouvernement.

— Le rite des élections législatives comportant, comme vous le laissez entendre, une complaisance obligatoire envers les divers éléments coalisés sous la direction gouvernementale, pourquoi appelez-vous, ou plutôt qu'appelez-vous un « bon » ministre de l'Intérieur ?

— J'appelle ainsi celui qui tient bien en main ses préfets, qui sait les lancer ou les retenir selon les cas, qui obtient autant de leur initiative que de leur docilité, qui, sur l'appui réclamé par les candidats sympathiques au cabinet, leur donne carte blanche — sauf respect de la légalité, cela va sans dire. Je précise : celui-là est un bon ministre de l'Intérieur qui assure la réélection de la majorité républicaine en fournissant à ses membres de bons préfets à leur dévotion. Est-ce net ?

C'était si net que j'ai casé la définition dans ma mémoire. Elle me paraît conforme au caractère des politiciens. Ils ont en partie la mentalité des censitaires de la Restauration : comme eux, ils pensent que le ministère doit se faire non le protecteur des intérêts de tous, mais le gardien des intérêts de l'homme en place, le garant de la place même. Notre grande Révolution eut pour but, chacun sait ça, de substituer la souveraineté populaire à la souveraineté royale, de remplacer le pouvoir absolu par le pouvoir délibératif. Nécessairement la souveraineté populaire a pour principe organique le gouvernement représentatif issu d'une libre consultation nationale. Eh bien, après une tumultueuse expérience de plus d'un siècle, après les essais successifs d'une vingtaine de lois électorales (pourquoi le scrutin d'arrondissement prétendrait-il à l'éternité, lorsque tant d'autres l'attendent avec impatience dans l'armoire aux reliques ?), le pays n'est pas encore arrivé à être maître de manifester son opinion en pleine liberté. L'opinion du pays est falsifiée par les manœuvres des gens qui aspirent à l'honneur de la personnifier. Et les élus se font les pires adversaires de la liberté des élections. La souveraineté du peuple ! Un beau mot, qui coûta à la France des milliers de têtes, et bien autre chose ; mais quelle chimère pitoyable quand on regarde les farceurs qui se targuent de la réaliser !

Les lecteurs du *Temps* ont eu sous les yeux, voici quelque dix mois, les révélations faites au Luxembourg sur la pression administrative exercée en janvier contre des sénateurs sortants : « Ils ont été combattus, s'écriait le vénérable président de la gauche républicaine, ils ont été combattus avec des procédés renouvelés des temps de Persigny et de Rouher ! » les temps — jadis réprouvés — où les préfets du second Empire pratiquaient la candidature officielle avec une triomphale impunité... Car le Sénat n'échappe pas à l'action gouvernementale, action souvent très directe. Autrefois, quand le pouvoir se sentait menacé dans la Chambre Haute, il consolidait sa majorité en créant à propos une fournée de pairs. Privés de ce facile moyen de bascule, certains ministres de la République recourent à la persuasion violente. Un jour que se décidait dans l'ancienne demeure de Marie de Médicis le sort d'une passionnante loi spéciale, il y a de cela plusieurs années, on vit les couloirs envahis par un escadron de préfets. Mandés à Paris par le président du Conseil, ils avaient mission d'amener à résipiscence les sénateurs récalcitrants. Un vote de confiance démontra que leurs efforts avaient été couronnés de succès. Quels arguments avaient-ils fait valoir? Vous le devinerez en apprenant que les sénateurs à convertir étaient soumis, deux mois après, au renouvellement triennal...

Ce rôle de suborneurs politiques, les préfets le tiennent continûment auprès des électeurs. La fonction le leur commande sous peine de disgrâce.

En fondant l'institution des préfets, la loi consulaire de pluviôse an VIII se proposait avant tout de déléguer dans les provinces bouleversées des représentants du pouvoir central chargés de réorganiser la vie économique et sociale du pays. C'étaient des *administrateurs*. Que la politique dès cette époque ne leur fût point étrangère, on ne le conteste nullement. Toutefois elle ne les absorbait pas à l'exclusion du soin des intérêts de leurs administrés. La transformation se fit avec les années, quand les gouvernements peuplèrent les préfectures d'hommes choisis non pour la capacité, mais pour leur dévouement au pouvoir. Conscients de leur qualité d'instruments de règne, les préfets se complurent à subordonner la partie administrative de leurs fonctions à la partie politique. Comment ils s'acquittaient de leurs devoirs, une lettre de Guizot à un de ses amis nouvellement nommé préfet nous l'apprend : « Ne devenez pas ce que tant de gens appellent un *excellent préfet*, c'est-à-dire un homme qui ne laisse aucune pétition, aucune lettre sans réponse écrite, mais qui ne s'inquiète guère de savoir si ses réponses font vraiment marcher les affaires, et si ses écritures deviennent des réalités. » La dissolution ininterrompue des mœurs civiques l'a emporté sur les instructions données aux fonctionnaires par les rares ministres de l'Intérieur de la trempe du célèbre doctrinaire. Si bien que, de nos jours, ce qu'on appelle un excellent préfet, ce n'est pas le meilleur administrateur, c'est le meilleur agent électoral.

J'ai vu opérer en temps d'élections divers préfets. Naguère, alors que les suffrages allaient de préférence aux candidats d'une opposition tranchée, leur intervention se voilait de souplesse, de prudence toute diplomatique. Depuis que, soit par suite de l'attiédissement des esprits, soit sous la corruption de l'air ambiant, le succès au contraire s'attache plutôt aux candidats honorés de la tutelle ministérielle, elle se produit sans trop de façons. Maintenant un préfet peut donner franchement l'investiture gouvernementale à un candidat. Sa position ne devient délicate qu'au cas où deux concurrents lui sont recommandés séparément, chacun par un ministre différent, — cela s'est vu ! Vous entendez bien que le haut fonctionnaire, une fois qu'il a son candidat dans chaque circonscription, ne se borne pas à dire aux électeurs : « Prenez mon ours ! » Son influence doit pénétrer les populations par toutes sortes de manœuvres, tantôt avouées, tantôt clandestines, la séduction le disputant à la brutalité. C'est alors que l'on peut se convaincre que l'intérêt bien entendu est le principe de toutes les opérations électorales...

On écrirait un chapitre pittoresque, piquant, sur les ingérences préfectorales dans une élection législative. Elles touchent au drame et à la comédie. Je me défends d'insinuer qu'un préfet à poigne ou dépourvu de scrupules, si toutefois il s'en trouve de cet acabit, soit capable de ne pas reculer devant des menaces, des actes d'arbitraire, des dénis de justice odieux. Réfléchissez cependant que cet homme mène toute l'administration de son département, qu'il dispose de l'avenir, de l'existence même d'une quantité de petits fonctionnaires dont il peut rogner le pain, sinon le supprimer, qu'il fait peser sur eux, par ses agents, par ses comités, par ses journaux, une véritable police des idées répandant la terreur à la veille du scrutin dans les moindres localités! Son autorité, savamment élastique, joue de l'hostilité comme de la faveur, sévère à ceux-ci, indulgente à ceux-là. Débordant les services publics, sur quoi ne se fait-elle pas sentir? Selon que l'on vote bien ou mal, elle accueille ou rejette les réclamations des administrés, elle presse ou ralentit la solution des affaires communales, elle suspend ou précipite la rentrée des impôts, la perception des amendes, la répression des délits, ordonnant le classement des procès-verbaux de contravention, retardant les poursuites judiciaires, attentive à prodiguer aux uns les complaisances, les passe-droit, les promesses, tandis qu'elle persécute les autres des pires tracasseries. Le zèle audacieux d'un préfet n'a pas de limites. J'en sais un qui, aux élections de 1906, non content de rédiger les affiches d'un candidat dont le succès lui était commandé à tout prix, écrivait lui-même chaque jour, pour le mieux soutenir, les articles polémiques des deux journaux opposés de son chef-lieu : on les venait chercher en plein jour à l'hôtel de la préfecture.

Le suffrage universel n'était pas encore appliqué en France qu'un illustre écrivain observait déjà : « Ce n'est pas avec de la métaphysique qu'on fait mouvoir les électeurs. » Ledru-Rollin était sans doute de cet avis, envoyant aux commissaires du gouvernement de la République (on appelait ainsi les préfets), une circulaire où éclatait cet aveu : « Les élections, voilà votre grande œuvre ! » Les républicains de 1848 lui firent un crime de sa franchise. Ceux d'aujourd'hui ne proclament pas cette fâcheuse vérité par-dessus les toits, mais ils l'imposent comme règle à leurs préfets. Ce qui en résulte permet aux adversaires du parlementarisme de dire que nos Chambres sont le produit de l'administration autant que des comités tyranniques, et non pas l'expression de l'opinion publique. Si la réforme projetée doit nous donner un système électoral soustrait à l'influence des agents officiels, le salut de la République peut dépendre de son triomphe.

ONZIÈME LETTRE

LA DOMINATION DES POLITICIENS MENACÉE PAR LA RÉFORME ÉLECTORALE : LEURS MANŒUVRES PRÉVENTIVES.

A quel point aujourd'hui les petites villes, les campagnes elles-mêmes se montrent attentives à la grande question du jour, j'en suis moi-même surpris. Il y a deux ans, ceux qui parlaient de la réforme électorale se comptaient et ils se faisaient tout juste écouter. Chacun maintenant en veut dire son mot.

La raison de cette évolution est simple. Le paysan, l'artisan même, accueillaient naguère avec scepticisme l'hypothèse d'une rénovation parlementaire ; lorsqu'on en risquait devant eux l'idée, ils opposaient l'argument résigné de leur pratique bon sens : « Notre député est notre maître, vouloir le heurter, c'est entamer la lutte du pot de terre contre le pot de fer ; mieux vaut être de ses amis que de s'en faire un mauvais ennemi ! » Le paysan français a pour principe de rester attaché aux dirigeants tant qu'il les croit solides. Or il se rend compte que la réforme électorale prend consistance, il soupçonne qu'elle devient réalisable, si bien qu'à cette heure il s'en entretient au marché, au cabaret, moins pour s'en instruire techniquement (le détail de l'opération lui échappe autant qu'à bien des députés) que pour en induire des espérances encore imprécises. Le certain est que le nombre des réformistes augmente dans des proportions considérables. Peut-être, et c'est probable, la plupart d'entre eux ne sont-ils pas réformistes par opinion, peut-être ne le sont-ils que par sentiment ; leur état d'esprit n'en serait que plus redoutable aux partisans du *statu quo* : quand les cœurs commencent de s'émouvoir à l'unisson, il n'est si puissant parti qui ne soit forcé de disparaître ou de céder.

Que l'entraînement qui gagne les couches profondes de nos populations rurales, déjà remuées par ailleurs, ne rencontre point de résistance, il y aurait puérilité à le supposer. De même que toute révolution suscite la réaction des intérêts qu'elle bouleverse particulièrement, de même la réforme électorale, en même temps qu'elle provoque l'opposition de la clientèle active des politiciens qui se sentent menacés, soulève la réprobation des politiciens en herbe qui aspirent à les remplacer.

La quantité des remplaçants afflue dans chaque département. On distingue parmi eux principalement les élus de canton. Je ne m'avance point à dire que les conseillers généraux soient incapables d'égaler en vertus professionnelles leurs députés. Les assemblées départementales constituent, pour qui sait et veut travailler, d'excellentes écoles d'apprentissage politique ; les questions budgétaires, administratives, économiques, y nécessitent en effet des études expérimentales du plus haut intérêt. Aussi a-t-on vu, voit-on encore dans les conseils généraux figurer des hommes d'une valeur réelle, très compélents, très sérieux, tout à fait dévoués au bien public. Pourquoi faut-il que, là comme au Palais-Bourbon, la brigue des coteries locales intronise maintenant les intrigants et les médiocres en majorité ?

N'en cherchez pas la cause bien loin. Tant d'hommes obscurs, tant d'hommes nuls réussirent à décrocher une écharpe de député qu'au fond des âmes troublées par tant de scandaleuses élections l'envie éveilla une émulation en somme justifiée. Elles se sentirent injustement oubliées par le sort dans la solitude désolante de leur village. Le mirage des honneurs et de la grande ville les séduisit en les corrompant. On excuserait leur appétence si elles n'en demandaient l'assouvissement qu'à leur propre initiative. Mais les satisfactions de la vie indépendante exigent plus d'efforts, plus d'intelligence, plus de génie audacieux que la poursuite vulgaire d'un mandat de député. A ces pauvres esprits piqués d'ambition la carrière parlementaire apparaît et si facile et si fructueuse! Et voici commencer les premiers travaux d'approche

— parfois l'assaut de la mairie ou du conseil d'arrondissement, plus souvent la conquête du conseil général. Croyez-vous qu'une fois délégué au chef-lieu le représentant cantonal va s'occuper de défendre les contribuables exclusivement? Il va surtout mettre à profit ses relations plus resserrées avec les sénateurs et les députés, ses entrées libres à la préfecture, ses accointances avec les diverses administrations, grâce à elles se répandant, se poussant, se créant une plus large clientèle électorale dont il se promet un jour ou l'autre de bénéficier. Le voilà pris dans l'engrenage : le conseil général ne sera pour lui que l'antichambre de la Chambre.

Si ce type d'ambitieux s'est reproduit à des centaines d'exemplaires dans les différentes contrées, comme les préfets interrogés en conviendraient eux-mêmes, il est naturel que la réforme électorale doive révolutionner les pépinières de représentants du peuple (1) cultivées en tout chef-lieu de préfecture. Trop de rêves d'avenir à cause d'elle crèvent soudain comme des bulles de savon pour qu'elle soit envisagée dans les assemblées départementales avec bonne humeur. C'est là, sauf quelques exceptions, que sont embusqués ses pires ennemis.

Dès maintenant je les aperçois qui s'escriment à prendre l'offensive. D'aucuns s'y emploient franchement, nouveaux chevaliers prêchant la croisade contre les infidèles qui veulent livrer la République aux mécréants. D'autres, plus habiles à discerner les remous de l'opinion publique, essayent de parer au danger grandissant en le canalisant. Leurs préférences restent acquises au scrutin d'arrondissement, les bons apôtres ne s'en cachent pas ; ils entonnent même son éloge avec une reconnaissance émue pour tant de services rendus « à la démocratie », mais, respectueux des volontés du pays, ils sont prêts à lui faire généreusement, s'il le faut, le sacrifice de leur opinion personnelle... Sur un seul point ils s'affichent intransigeants, parce que leur farouche républicanisme se refuse noblement à admettre le concours de « l'infâme réaction » : ils repoussent la représentation proportionnelle avec horreur ! Quant au scrutin de liste, quoique la République ait été mise par lui en péril — du moins c'est ce qu'ils disent — ils consentent à en faire une nouvelle expérience. Seulement ils se gardent bien d'avouer à quelles conditions ils se rallient à cette bâtarde transaction, mais leurs manœuvres les trahissent, car ils n'ont pas attendu les conseils du « petit père » pour agir en prévision de l'avenir [1]. Dès l'été dernier, à tout hasard, ils se mettaient en campagne.

Je n'ai pas à vous apprendre les avantages attachés au scrutin de liste : appliqué dans son esprit strictement, il devrait avoir pour effet de délivrer, d'aérer le pays en jetant bas les épaisses murailles qui dominent l'arrondissement et l'étouffent. Grâce à lui, l'arrondissement conservant d'ailleurs ses droits légitimes, sa vie propre, secouerait l'autorité usurpatrice de ses seigneurs politiques, et, dès lors affranchi, il ajouterait au lien natio-

1. M. Combes, dans un récent discours prononcé contre la réforme électorale, engageait son parti à s'organiser en vue du scrutin de liste simple.

nal une force vive au lieu de peser sur lui comme un inerte et stupide boulet. Une transformation aussi profonde, et c'est celle-là même qui intéresse au premier chef l'avenir de la France, on pense bien que le scrutin de liste ne la porterait pas en soi si l'on ne remplissait la condition essentielle de son principe : liberté complète dans le choix des candidats à la députation, c'est-à-dire renouvellement fatal du personnel politique, suppression des cadres existants, anéantissement de la hiérarchie électorale des clans et des comités par quoi actuellement le suffrage universel est enchaîné. Ce serait l'élimination certaine de nos politiciens. Mais ils sont gens de ressource, et voici l'expédient perfide au moyen duquel ils se promettent de garder leurs positions : paralyser le scrutin de liste en se l'appropriant, en fondant dans les départements des syndicats d'arrondissements destinés à imposer au corps électoral, avec la même discipline tyrannique, les mêmes mœurs et les mêmes hommes que par le passé.

Plusieurs régions, déjà travaillées, se sont conformées à cette tactique par précaution. Elles sont maintenant pourvues de leurs syndicats électoraux d'arrondissements, constitués sous une dénomination trompeuse. Cela s'appelle comité central, comité général, association ou fédération départementale. C'est une *fédération* qui fonctionnera chez nous. Les gros bonnets du « parti » convoquèrent un dimanche au chef-lieu les délégués des comités et des cercles républicains disséminés dans le département. Ils donnaient pour prétexte la nécessité de se préparer à repousser les réactionnaires aux élections législatives de 1910. En réalité, ils se préoccupaient de s'organiser en vue de la reforme menaçante. La réunion décida de multiplier les groupements dans les communes afin de racoler le plus d'adhérents possible. Mais sa résolution capitale fut de prendre pour base de sa propagande l'*autonomie de chaque arrondissement*. Ce qui signifie qu'au cas où le scrutin de liste serait adopté par la Chambre rien ne serait changé à la situation dont on se plaint : la liste présentée aux électeurs par la fédération ne serait que l'émanation des clientèles coalisées autour des candidats de sous-préfecture. Le tour serait joué ! Ne sait-on pas que les politiciens sont de remarquables prestidigitateurs et que l'urne du suffrage universel joue entre leurs mains le rôle du sac de l'escamoteur ?

La manœuvre est doublement caractéristique. Elle démontre d'une part que les clans reconnaissent, quoique à contre-cœur, la nécessité de donner au pays une apparence de satisfaction. D'autre part elle prouve qu'une réforme boiteuse serait une duperie.

Je suis de ceux qui attendent de la transformation totale du système électoral l'affermissement du régime représentatif et l'apaisement des esprits. Il peut paraître vain, après d'amères déconvenues, d'établir des espérances de pacification nationale sur l'hypothèse de Chambres de députés meilleures que leurs devancières. Je ne trouve point de moyen plus efficace, en observant la Constitution, de rendre à la République force et amour. C'est pourquoi j'estime qu'il y aurait un gros danger à se contenter d'illusoires demi-mesures. Une réforme trompeuse, ne produisant qu'un changement factice, risquerait d'amener l'opinion à désirer autre chose qu'un nouveau mode d'élections. Le sort du régime représentatif est lié pour une bonne part à l'autorité morale des représentants. Je souhaite que les nôtres, comprenant mieux leur intérêt, sinon celui du pays, ne diffèrent pas longtemps à accorder ce que la force des choses en une explosion de colère leur arracherait.

DOUZIÈME LETTRE

LA RÉPUBLIQUE ET LE SCRUTIN DE LISTE.

De toutes les politiques connues, nul ne nie que la plus néfaste ne soit la politique de l'autruche. Ne semble-t-il pas étrange que ce soit précisément celle de tous les régimes fatigués? Tandis qu'une sève nouvelle détermine une fermentation générale, eux, gonflés de suffisance, s'enfoncent dans l'immobilité, ferment les yeux, se bouchent les oreilles, obstinément sourds et aveugles en dépit des phénomènes les plus éclatants. Leurs amis les meilleurs alors sont les hommes dont l'inquiète clairvoyance ne se lasse pas d'observer l'opinion publique et de la publier. Il est vrai que ceux-là, étant amenés à dire des vérités désagréables, se trouvent houspillés par les politiciens, et, c'est le bouquet! ils s'entendent traiter de « réactionnaires ». Douce joie!

La terrible épithète est appliquée depuis quelque temps aux plus ardents partisans de la réforme électorale. Certain discours fameux d'un de ses adversaires les plus notoires fut répandu dans les départements, ces dernières semaines, sous ce titre ronflant : *la Réaction démasquée* (1). Vous pensez avec quel empressement nos politiciens de canton ont sauté sur cette aubaine. Ils s'en vont de bourg en bourg semant la bonne parole, je veux dire la perfide calomnie. Je doute, et j'en ai dit les raisons dans ma lettre précédente, qu'ils réussissent à tromper les masses. Toutefois je dois à la vérité de reconnaître que de vieux républicains, et de ceux qui désirent sincèrement que l'on fasse « quelque chose », se montrent hésitants, troublés. Mécontents de la présente situation, ils continuent de l'être, franchement. Mais les anti-réformistes les effrayent en leur persuadant que le changement de mode de scrutin a

1. Le discours de M. Combes, auquel il est fait allusion dans la lettre précédente.

failli perdre la République aux élections générales de 1885 :

— Voulez-vous recommencer la même aventure ?...

La question m'a été posée ces jours-ci dans un groupe où se trouvait un ancien combattant du Seize-Mai. C'est un brave homme qui a passé sa vie à batailler pour la République, et qui entend la défendre envers et contre tous. Il veut bien qu'elle se transforme, qu'elle se rajeunisse, mais l'évocation de l'année 1885 le rend méfiant envers les réformistes d'aujourd'hui. C'est pourquoi il m'a interrogé. Comme notre conversation m'a conduit à rétablir la vérité sur des faits dénaturés par les politiciens, je crois intéressant de la rapporter.

— L'expérience de 1885, disait l'ancien, est péremptoire. La suppression du scrutin d'arrondissement mit la République à deux doigts de sa perte. Tout le monde en convient !

— C'est justement ce que je nie.

— Pourtant les faits sont là ! Est-il contestable qu'au premier tour de scrutin des élections générales de 1885 les réactionnaires aient obtenu cinquante sièges de plus que les républicains ?

— Ce point est parfaitement exact. Achevez : au second tour de scrutin, que se passa-t-il ?

— Les républicains s'étant dépêchés de réaliser l'union entre eux, les réactionnaires furent repoussés.

— Leurs gains menaçants du premier tour étaient donc le résultat non pas de l'application d'un nouveau système électoral, mais bien des divisions intestines de notre parti?

— Je ne dis pas que nos divisions n'aient point contribué à leur victoire d'un jour.

— A la bonne heure ! Eh bien, faites appel à tous vos souvenirs, rappelez-vous après quelles campagnes de presse abominables, après quelles luttes parlementaires forcenées, après quelles criminelles guerres fratricides, les républicains se présentèrent devant le corps électoral. Fort mal reçus par lui, ils en accusèrent le scrutin de liste. Seuls ils étaient coupables ! La Chambre soumise à la réélection, qui était-elle? Celle-là même qui avait commencé son existence en tuant Gambetta et qui l'avait achevée en poignardant Jules Ferry. La parole de Vergniaud comparant la République à Saturne qui dévore ses enfants se vérifiait une fois de plus. Comment le pays eût-il fait pleine confiance à ce parti qu'il voyait se décapiter comme une brute? Leurs illustres chefs sacrifiés, les républicains continuaient de s'entre-déchirer dans des rages de haine, de démence. Et qui conduisait ce bal infernal ? Les radicaux avec leur queue d'intransigeants. La majorité, calomniée par eux, retournait devant les électeurs discréditée, débandée, se reniant elle-même, tendant lâchement le cou au fer de l'ennemi. « Saluez-la! s'écriait en réunion publique M. Clemenceau ivre de sa prochaine victoire, saluez-la, vous ne la verrez plus! » Le chef du parti radical était bon prophète. La République oscilla : les excités renforcèrent l'intransigeance, les dégoûtés renforcèrent la réaction. Sans doute les dégoûtés l'emportaient-ils en nombre, car la réaction compta deux millions de suffrages de plus qu'aux élections de 1881 !

Les auditeurs qui nous entouraient, presque tous des jeunes, écoutaient ce rappel du passé avec étonnement. Ils regardaient le vieillard comme s'ils attendaient de lui une protestation. Il finit par dire :

— C'est vrai, jeunes gens, ces coquins nous enlevèrent deux millions de voix. Ah ! ce fut une grosse surprise.

— Oh ! répliquai-je, pas pour tous les républicains. Parmi eux, les plus perspicaces, je ne dis pas les moins hardis, avaient prévu ce recul en arrière plusieurs mois avant les élections. Tel Waldeck-Rousseau, c'est-à-dire le ministre qui avait décidé la Chambre à voter le scrutin de liste. Eh bien, il lui paraissait impossible, et il ne cachait pas son opinion, que les fautes commises par le parti républicain n'amenassent pas une sévère leçon. Rien, selon lui, ne pouvait l'empêcher. Elle était, disait-il, dans la logique naturelle des faits. Ce n'est donc pas le maintien du scrutin d'arrondissement qui aurait modifié la situation.

— Cependant, n'a-t-on pas écrit que Waldeck-Rousseau, plus tard, changea d'avis ? Ce qui semblerait le prouver, c'est son opposition au rétablissement du scrutin de liste alors qu'il était chef du pouvoir.

— Je puis vous affirmer — des circonstances particulières m'en donnent le droit — que Waldeck-Rousseau a toujours conservé une prédilection pour le scrutin de liste. En 1902, comme son confident le plus intime (de qui je tiens le propos) lui demandait si ce mode d'élections avait vraiment causé les pertes républicaines de 1885, il répondit textuellement : « L'instrument était bon, on n'a pas su s'en servir. » L'homme d'État entendait-il dire par là qu'une autre manière de s'en servir, de la part du gouvernement, aurait arrêté la poussée réactionnaire? Pas du tout, puisque cette poussée lui avait paru une conséquence logique des choses. Ce à quoi il faisait allusion, sans conteste, c'est la façon imprévue dont les candidats républicains avaient utilisé le scrutin de liste. En effet ils avaient composé leurs listes non sur un principe politique, mais sur une arithmétique électorale, prenant pour valeur numérique la totalisation des influences individuelles. Les mérites du scrutin de liste ainsi déformé demeurèrent stériles. Il s'ensuivit une majorité républicaine sans orientation politique, tellement dépourvue d'esprit de suite qu'en quatre ans, sous la domination tyrannique du parti radical, elle consomma sept ministères !

— S'il est vrai que Waldeck-Rousseau eût gardé ses préférences au scrutin de liste, pourquoi ne chercha-t-il pas à le rétablir en 1902 ?

— Il en fut empêché par des raisons d'ordre public et d'ordre privé. Vous savez qu'il avait résolu d'abandonner le pouvoir aussitôt les élections terminées. Il aurait eu scrupule à ne pas prendre *jusqu'au bout* la responsabilité d'une mesure aussi grave. En outre, les mœurs politiques, loin de s'être améliorées depuis 1885, avaient empiré. Il n'était pas jusqu'au Sénat qui n'eût hypocritement ajouté à sa loi électorale les exigences avilissantes du scrutin uninominal ! Waldeck-Rousseau se rendait très bien compte qu'avant peu le devoir capital de la République serait de réformer ses mœurs électorales et ses mœurs parlementaires. Mais il est douteux qu'il se fût contenté de renouveler l'expérience du scrutin de liste dans les mêmes conditions qu'autrefois. Quelles garanties eût-il prises ? Je ne sais. Ce dont je suis à peu près certain, c'est qu'il n'aurait pas hésité à renvoyer immédiatement devant le pays la Chambre qui aurait voté une réforme électorale.

— Une dissolution ?

— Mais oui ! Non seulement la possibilité d'une dissolution lui paraissait naturelle, absolument conforme à l'esprit et à la lettre de la Constitution, mais il en avait eu l'idée très arrêtée la première fois qu'il occupa le pouvoir. En effet, au moment d'engager la discussion sur le scrutin de liste, en 1885, il consulta les préfets, très confidentiellement, sur l'opportunité d'une dissolution de la Chambre dès après l'adoption de la nouvelle loi électorale. Les préfets se montrèrent divisés, — j'ai eu leurs rapports en mains. A quel parti le gouvernement se serait-il arrêté? J'ai lieu de penser que la question ne lui fut même pas soumise, qu'elle ne fut agitée qu'entre Ferry et Waldeck-Rousseau, car le ministère fut brusquement renversé — huit jours après le vote du scrutin de liste, au moment où il allait être appelé à en délibérer. En tout cas, je conclus de ce fait que Waldeck-Rousseau pensait, et peut-être n'avait-il pas tort, qu'il est difficile à une Chambre des députés de continuer à siéger après avoir condamné le système électoral dont elle est issue. Je conclus, de tout ce que nous venons de dire, que les succès de la réaction en 1885 furent dus moins à la suppression du scrutin d'arrondissement qu'aux fautes du parti républicain.

Le doyen de notre petite réunion amicale, ayant réfléchi un instant, me mit la main sur le bras, et, en souriant, il me demanda :

— Alors l'alliance des partisans de la réforme avec les réactionnaires, ça n'est pas sérieux?

— Je vous répondrai par un mot qui, quoique prononcé il y a déjà très longtemps, me semble fort bien s'appliquer à notre situation générale : « La nation n'est pas précisément divisée aujourd'hui en monarchistes et en républicains ; elle l'est plus véritablement en représentés et non représentés. » C'est à nous de savoir si la République doit être le gouvernement d'un parti ou le gouvernement du pays.

TREIZIÈME LETTRE

LE SCRUTIN UNINOMINAL ENCHAINE ET ÉTOUFFE L'ARRONDISSEMENT.

Le parti conservateur (j'entends par là le parti radical, vous l'avez deviné, car, l'appeler ainsi, c'est employer le terme propre, puisque ce parti, installé dans les pouvoirs publics et s'y carrant, s'opiniâtre à les vouloir conserver tels quels), le parti conservateur, dis-je, a ses dogmatiques et ses empiriques. Ces derniers, pour terre à terre que s'avoue leur raison suffisante, je les préfère de beaucoup aux premiers, lesquels se vantent de donner encore le change à la France, et comment? En lui débitant des fariboles passées de mode depuis que le peuple, impressionné par les avatars des plus illustres coryphées de notre chère « république radicale » s'est aperçu que celle-ci signifiait tout bonnement : « Ote-toi de là que je m'y mette ! »

Les dogmatiques se drapent dans leur radicalisme délavé. Les empiriques dédaignent l'appel à des principes trop usés. S'ils repoussent l'idée même d'une transformation quelconque, c'est en s'appuyant franchement sur les solides avantages dont ils sont, dont ils se jurent de rester les bénéficiaires. Leur argumentation est celle qui arma de tout temps les intérêts matériels satisfaits contre l'assaut des novateurs, trouble-fête incorrigibles. Laissant aux sophistes la vaine tâche de défendre le *petit scrutin* par conviction pure, ils n'ont aucune peur de le légitimer par l'intérêt le plus direct :

— Le député d'arrondissement supprimé, qui gardera nos places ? qui réclamera pour nous notre part de faveurs ?

Voilà soulevée, dans les sous-préfectures, une question d'importance ! Où est le temps, pas aussi éloigné que les jeunes gens auraient lieu de le supposer, où la faveur, rougissant d'elle-même, se dissimulait ? où son nom seul déchaînait à la Chambre de violentes tempêtes sur les bancs des opposants rigides et vertueux que l'on a vus, plus tard, gouverner la République au moyen de clientèles gorgées et gavées? La faveur a dans ces derniers lustres hautement conquis ses lettres de naturalisation républicaine. Elle y puise le droit de réclamer contre l'intérêt national au nom des intérêts de clocher, je veux dire au nom des appétits de coterie, ce qui est très différent.

Retenez, je vous prie, cette indispensable distinction entre les deux ordres de faits. Il ne faut pas confondre, en effet, des intérêts absolument légitimes avec des intrigues et des calculs mesquins. La langue politique possède un vocabulaire si maigre qu'en voulant atteindre ces derniers elle a de ses traits criblé — jusqu'à les frapper d'une déconsidération imméritée — nos malheureux clochers de village. Ces clochers si humbles, dont tant d'entre nous oublient dans leur superbe qu'ils en sont partis le cœur gros et la besace vide, en vérité nous en faisons trop légèrement, les uns et les autres, la cible de nos railleries. Et cela est injuste autant que maladroit. Par notre faute, il s'est établi une confusion dont les antiréformistes prétendent tirer parti devant les habitants des petites villes et des campagnes. A les en croire, si l'on poursuit l'abandon du scrutin d'arrondissement, ce n'est pas dans un autre dessein que de favoriser les multitudes urbaines au détriment des populations rurales, celles-ci devant être sacrifiées du moment qu'elles perdraient le représentant issu de leur terroir.

La thèse est, aux yeux des simples, d'une prenante habileté. Seulement elle ne résiste pas à l'examen. Il est évident qu'aucun des réformistes ne nourrit l'inconcevable pensée d'attenter aux droits régionaux. Est-il besoin d'insister ? Si la réforme électorale, si toute autre réforme subséquente devait entraîner la diminution sociale des parties de territoire que la terminologie administrative désigna sous le nom d'arrondissements, s'il devait s'ensuivre leur amputation, leur décapitation, la province entière se soulèverait : nous serions nombreux à l'applaudir de sa révolte — après l'y avoir au besoin poussée. Si tel devait être le résultat de nos efforts, serions-nous des réformistes aussi ardents, nous provinciaux qui ne demandons un changement qu'à cause de notre besoin d'indépendance, de liberté vraie, d'individualisme brave et fier ? Nous appelons un scrutin différent de celui qui nous opprime, nous l'imposerons aux candidats (et ces messieurs se tromperaient en s'imaginant qu'une fois élus ils en seraient quittes avec une nouvelle pirouette), nous le mettrons en pratique — avant peu — parce que nous voyons en lui un scrutin de délivrance.

Scrutin de délivrance ! Qu'est-ce à dire ? Rien que de très simple. Fédéralistes, cela va de soi, nous ne le sommes point. Mais provincialistes, passez-moi ce néologisme, oui, nous le sommes de tout cœur. C'est à ce titre principalement que nous travaillons à détruire les tyranneaux de nos petites patries. Leur domination serait moins intolérable si elle ne s'aidait de la complicité du pouvoir central. Mais celui-ci, non content d'avoir barre sur nous par ses préfets, nous ligote en plus avec nos propres députés : il en a fait nos maîtres en même temps que ses valets. Le faut-il répéter une fois de plus ? Les mœurs politiques implantées dans le pays mettent le privilège et l'arbitraire en honneur. Comme personne ne se tient à sa place ou ne remplit son devoir, comme tous les pouvoirs publics sont faussés, comme une constante collusion enchaîne le législatif et l'exécutif, ni la liberté, ni l'égalité, ni la justice elle-même ne se trouvent respectées sous notre République, et le règne de la loi le cède au règne de la faveur. Les citoyens qui souffrent le plus de cet état de choses sont ceux des départements, ceux des arrondissements. Les députés de chez eux parlent et agissent en proconsuls. Qui les sert est récompensé, qui les ignore est lésé. Ils ont coupé la France en deux : au-dessous la nation exploitée, qui paye et doit se taire ; au-dessus la nation officielle, qui est largement payée et pressure l'autre impunément. De ceux qui veulent briser les députés responsables d'une aussi misérable situation, ou de ceux qui les veulent conserver, quels sont les plus sincèrement dévoués aux intérêts de la province et à ses droits ?

J'entends mes empiriques de plus belle s'égosillant : « Droits ou passe-droit, nous n'obtenons rien que par l'intermédiaire du député. Établissant une barrière entre nous et lui, vous nous isolez. Lui dégagé, qui aura soin de nous? Au surplus, les élus d'arrondissement supprimés, les faveurs survivront. N'est-il pas juste qu'il nous en revienne une part? Votant bien, c'est notre droit de compter sur la reconnaissance de la République. Elle se doit à ses amis. La faveur tant flétrie, ce n'est pas autre chose qu'un brevet de républicanisme zélé. »

Ce plaidoyer *pro domo sua* appelle de trop faciles répliques. Toutefois, ne le condamnons pas sans rémission. Il a son excuse : l'immense place qu'occupe aux champs le favoritisme exercé par les politiciens. A quoi ne touche-t-il pas? De quoi ne se mêle-t-il pas? La recherche des distinctions honorifiques et des emplois, quoique chose courante ici comme ailleurs, constitue le moindre de ses ravages pour nos terriers. Plus nuisiblement il se fait sentir dans les incidents journaliers de la vie communale. Je vous dépeignais un jour la diligence des préfets à peser sur le procureur ou sur le percepteur selon le crédit politique des justiciables et des contribuables signalés à leur attention. La même partialité tranche ostensiblement les affaires où l'équité la plus naturelle devrait prononcer.

Soit sur les fonds généraux de l'État, soit sur les fonds départementaux, la loi a prévu des libéralités, des subventions d'ordre divers. Qui ne sait que, réparties avec largesse entre les communes puissamment protégées, on les dispute aux communes abandonnées, mal notées, on les leur refuse impitoyablement? Secours aux indigents, aux familles nécessiteuses des réservistes ou territoriaux, indemnités aux cultivateurs victimes d'un sinistre public, exonérations justifiées pour les communes appauvries, subventions aux syndicats ou comices agricoles, création de bureaux de poste, subsides pour des fontaines de première nécessité, sursis militaires, la faveur, je vous le dis, pour tout et toujours décide en maîtresse, et il n'est pas jusqu'aux plus minces travaux de vicinalité, jusqu'aux concessions de matériel scolaire qui ne dépendent de son bon plaisir, de ses révoltantes décisions. Puissance néfaste ! Des cantons à cause d'elle sont mis à l'index, des régions déshéritées, des masses de citoyens traités en ilotes. Égalité ! chante bellement notre devise. Mais c'est par ironie. Jamais on ne s'est autant aperçu, hélas ! qu'entre l'égalité politique et l'égalité positive un abîme se creuse au plus profond. J'en gémis pour la République !

Je suis bien éloigné, ce me semble, de voiler les effets pernicieux de la malaria politique. Les politiciens et leurs agents ont le droit, je l'admets sans restriction, de se proclamer les uniques dispensateurs, à l'heure actuelle, de la justice et de la faveur. Leur volonté est la souveraine loi du pays. C'est pourquoi ils font dire qu'en elle réside la fortune des arrondissements, qu'elle en constitue le palladium, qu'en lui portant atteinte on enlèverait aux provinces leurs protecteurs naturels, qu'on les livrerait sans défense à l'administration de l'État. Mais l'argument est par trop spécieux. Non, il ne s'agit pas d'affaiblir, d'isoler l'arrondissement ; il s'agit au contraire de lui restituer la plénitude de ses droits en lui rendant ce qui n'est actuellement que l'apanage d'une minorité.

Minorité, dis-je, et, en effet, toutes ces faveurs dont on fait étalage pour en tirer profit sont le privilège exclusif de la clientèle des députés. Elles ne vont qu'à leurs amis, aux amis de la préfecture, aux affidés des comités gouvernementaux. Il ne saurait en être autrement puisqu'elles ont pour fin un intérêt électoral. Cet intérêt domine tellement l'administration provinciale que nous vivons sous un régime de pression ininterrompue. Ainsi, tout citoyen mis dans la nécessité de faire valoir un droit quelconque doit commencer par valeter chez les agents du député, par s'enrôler dans sa coterie. S'il s'en abstient, soit par souci de sa dignité, soit par respect pour ses opinions, jamais il ne lui sera fait justice. Il aurait certainement plus d'espoir de l'obtenir lorsque le député n'aurait plus les moyens d'annihiler l'indépendance des électeurs.

L'élargissement du scrutin devra remettre chacun à sa place, rétablir l'égalité entre les communes, entre les citoyens. Il rendra à l'arrondissement, avec la liberté, avec l'action régulière de ses volontés, l'indépendance envers les élus. Le pouvoir des députés est abusif parce qu'il est vicié dans son origine. Le jour où le suffrage universel sera une vérité, le régime des faveurs, en tant qu'instrument d'hégémonie politique, aura vécu. Les départements exigeront des députés d'autres titres que les services arrachés à leur influence personnelle. Les arrondissements se passeront d'eux pour imposer à l'État leurs revendications légitimes : leurs droits naturels sont inscrits dans les lois de la nation.

QUATORZIÈME LETTRE

LE DÉPUTÉ DOIT ÊTRE MOINS LE REPRÉSENTANT DE SON COLLÈGE ÉLECTORAL QUE LE REPRÉSENTANT DE LA FRANCE ENTIÈRE.

Dans quelques semaines, une douzaine au plus, électeurs et élus se retrouveront en présence. Qu'adviendra-t-il de cette confrontation? Tout pronostic serait téméraire. Pour moi, m'en tenant aux bouillonnements de l'opinion publique, je ne puis que m'attacher à ce fait brutal : la Chambre des députés est en prévention devant le pays.

L'équité la plus vulgaire commande à chacun de reconnaître loyalement que la Chambre actuelle n'est pas l'unique auteur responsable des maux dont elle se trouve accusée. Elle porte, avec le poids de ses torts personnels, le fardeau non moins accablant de toutes les fautes parlementaires commises depuis trente ans. Par malheur pour elle, l'excuse est peu recevable en dehors de l'histoire, car les peuples, lorsqu'ils traduisent à leur barre passionnée un présumé coupable, n'ont pas plus la sagesse que le temps de délimiter sa part : leur justice farouche les charge en bloc des iniquités de tous.

La Chambre de 1906-1910 a ajouté aux erreurs de ses devancières une somme de maladresses au premier rang desquelles, je l'indique pour mémoire, la nation persiste à placer — il y aurait danger à se le dissimuler — l'augmentation inattendue de l'indemnité législative. Lord Normanby, dans ses Mémoires sur 1848, rapporte la conversation de deux ouvriers s'entretenant de l'Assemblée nationale : « Ils gagnent vingt-cinq francs par jour, s'exclamait l'un d'eux; ils nous font gagner trois francs par jour, et ils appellent cela de l'égalité! » Mot d'un pauvre diable troublé par des théories fumeuses, je n'en disconviens pas ; mais il explique les brocards méprisants du peuple contre les « vingt-cinq francs », l'indifférence désolante de la rue au 2 Décembre, non moins que l'inutile sacrifice expiatoire de l'héroïque représentant Baudin. Quoi que nous réserve l'avenir, je veux me persuader que les mêmes conséquences navrantes ne résulteront pas du coup des « quinze mille », encore que ce coup ait porté la solde de notre Parlement (Sénat compris) au revenu à 3 0/0 du capital d'un demi-milliard environ. Aussi bien, si, de toutes les fautes de la Chambre, celle-là ressort sans contredit comme la plus notoire, la plus sensible, ce n'est pas la plus lourde.

Voilà une vingtaine de mois, comme je blâmais l'inconcevable endurance des députés sous les coups de cravache dont on les cinglait quotidiennement, l'un d'eux — et qui n'appartenait pas à l'opposition — eut cet aveu amer : « Il n'y a même plus au Palais-Bourbon une majorité capable de renverser un ministère ! la cage est belle, mais les oiseaux !... » En effet, la Chambre, sourde au mécontement du dehors, apparaissait férue du ministérialisme le plus grossier. Ce n'était point par goût de la stabilité ministérielle qu'elle s'affichait docile et soumise, pas plus que par fidélité à un programme gouvernemental à un système politique déterminé; c'était par attachement aux faveurs du pouvoir largement dispensées à ses complaisances serviles. Ici encore, je fais volontiers la part des choses : comment demander l'indépendance à des députés bridés par les ministres et chaque jour menacés ? Au cours de telle séance que je pourrais préciser, un ministre, questionné sur un point gênant, disait dans l'hémicycle en désignant d'un geste menaçant l'orateur : « Son arrondissement me réclame le rétablissement d'un poste administratif; j'allais lui faire droit : il ne l'aura pas! » Et c'est ce qui arriva... Quelle leçon pour les députés susceptibles de céder à la tentation d'imiter leur collègue! Mais quelle servitude pour la Chambre!

On a vu cette Chambre, s'abîmant dans l'obsession de ses intérêts électoraux, abdiquer liberté et dignité. On l'a vue, imposant une majorité factice à la majorité réelle du pays, comprimant l'opinion véritable sous les arrêts d'un suffrage prétendu universel, substituer la domination de factions misérables au gouvernement national. On l'a vue, faussant les ressorts de l'organisme constitutionnel, bousculant le principe de la séparation des pouvoirs, s'ingérer dans toutes les administrations par des interventions scandaleusement abusives, dénaturer le régime représentatif, instituer en ses lieu et place une oligarchie spongieuse et désordonnée.

C'est de tout cela que la Chambre est inculpée par la grande majorité des citoyens français. Je sais bien qu'elle tient en réserve ses moyens de défense tout prêts, et que, par surcroît, elle se moque de l'opinion publique. Mais celle-ci supportera-t-elle longtemps encore d'être ainsi bafouée? La fantaisie peut fort bien lui venir de ramener les députés à la compréhension exacte de leur rôle, de les forcer à l'observance stricte de leurs fonctions. Au fait, cette mesure me paraît la condition première de toute réformation sérieuse. Si l'on ne commençait par là, aucune réforme, soit électorale, soit administrative, ne vaudrait. Et puisque nous entrons dans la saison où va fleurir la députomanie, je voudrais qu'à tout candidat fût d'abord posée la question : « Qu'est-ce qu'un député?... » Je suis convaincu que parmi les innombrables politiciens ou néo-politiciens qui briguent la députation, plus d'un resterait bouche bée.

J'ai taquiné là-dessus le représentant d'un arrondissement voisin. Il m'a répondu avec une amusante rondeur :

— Je suis ce qu'on appelle un bon garçon. Tous mes électeurs sont mes amis. Pourquoi suis-je leur député? Pour faire leurs petites affaires personnelles! Je les fais du mieux que je puis, ne ménageant ni mon temps ni ma peine. C'est ce qui vous explique la difficulté de m'imposer un concurrent aux prochaines élections. Demandez plutôt, si vous le rencontrez jamais, à mon préfet. Il ne m'aime point, parce que je ne suis ni très reluisant ni ministrable pour deux sous. Il ne pourra néanmoins s'empêcher de vous dire, comme il l'a déclaré à d'autres : « Cet animal-là fait un excellent député d'arrondissement : impossible de le tomber! » Et c'est vrai — je suis imbattable. Cependant, vous le savez, je ne monte jamais à la tribune, on ne parle pas du tout de moi, je passe dans les couloirs obscur et dédaigné. J'impose peu à ma circonscription. Oh ! pour ça, je suis fixé. Mais si je ne fais pas de discours, je fais des commissions ! J'achète un jupon pour la femme, j'envoie une pipe au mari, sans compter que je fourrage dans toutes les antichambres ministérielles, où mon sans-façon m'assure des tours de faveur qui me coûtent moins cher qu'à tel de mes collègues très huppé, lequel, chaque fois qu'il sort du cabinet d'un ministre, glisse un louis dans la main de l'huissier de service. Tel quel, obtenant ma petite part de bouts de ruban et de prébendes, ne suis-je pas le député qui convient aux électeurs? Qu'irions-nous, eux et moi, nous embarrasser des grands problèmes politiques? C'est l'affaire des ministres ! Je ne suis que député, et pour ma tranquillité je vote toujours avec les ministères. Mes électeurs sont contents, moi aussi. Que voulez-vous de plus?...

Ce que je veux de plus, c'est peu de chose, oh! presque rien. Je veux, du moins je désire que l'on envoie à la Chambre des hommes qui ne soient pas les domestiques ni les prisonniers de leurs bourgs pourris, des députés qui ne se comportent pas en vils commissionnaires, des représentants qui s'occupent de la France, rien que de la France. Serait-ce là une chimère ? Personne, j'en suis bien sûr, ne l'oserait prétendre...

Je ne me pose pas, ah! diable, non, en professeur de droit constitutionnel : je suis sur ces questions comme tous les Français — très ignorant. Pourtant je pense que, vu l'urgence de rappeler les élus à la nature de leur mission, il y aurait profit à feuilleter un instant nos institutions. Comme la lecture ne nous en est pas très familière (aux députés non plus, allez !), nous lui trouverions peut-être un caractère de nouveauté qui nous la rendrait supportable un moment. En tout cas, certainement, nous apprendrions là des choses qu'il importerait à tous les citoyens de connaître parfaitement — à commencer par les devoirs de leurs représentants.

Qu'est-ce qu'un député? demandais-je tout à l'heure. Cet autre me répliquait : « C'est un serviteur, et je le prouve. » J'ai lieu de croire que la Constitution, plus désintéressée, répondrait, ou à peu près : « Ce n'est ni un maître ni un serviteur : c'est un délégué muni par ses concitoyens d'une procuration temporaire pour débattre et administrer les intérêts généraux du pays. Il doit, après quatre années d'exercice, rendre compte de ses actes à ses commettants. Ils ont à le juger non point sur les soins donnés par lui à leurs affaires personnelles, mais sur sa sollicitude, sa vigilance dans les affaires de la nation. Il n'est pas le député d'un arrondissement, le député d'un département : il est le député de la France entière. Si, par un misérable calcul égoïste, il subordonne les intérêts nationaux à ceux de son collège électoral, s'il sacrifie le tout à la partie, il est jugé : c'est un représentant indigne. Semblable à un fondé de pouvoirs de connivence avec un groupe de mandataires pour le favoriser aux dépens de l'ensemble des associés, il trahit la confiance générale dont on l'a honoré, il lèse la patrie, il trafique d'elle. Dès lors, ses électeurs, liés par le pacte social qui les rend solidaires du préjudice porté à la collectivité, ont pour devoir absolu de lui retirer leur délégation, leur procuration. »

Ce point, quant à l'origine étendue des députés, est incontestable. Je ne crois pas, si mes souvenirs sont exacts, que la Constitution de 1875 l'ait développé. Par contre, il est nettement indiqué dans les Constitutions de 1791, de l'an III et de 1848. Vous comprenez toute l'importance de la question. Le gouvernement représentatif n'est praticable qu'à la condition de se composer d'éléments indépendants. La force de ce principe se trouva démontrée dès le début de la Révolution : des députés aux États Généraux refusaient de s'engager au delà de leurs cahiers respectifs — se considérant liés par eux. Une abstention de ce genre, quelque honorable que soit le scrupule dont elle se pare, devient nuisible à l'action législative. Aussi les constituants de 1791 stipulèrent-ils formellement que les représentants sont ceux de la nation et non ceux d'un département ; de plus — méditez ceci — qu'*il ne peut leur être donné aucun mandat*. Ne soyez pas surpris. La langue courante emploie à tort l'expression « mandat de député ». A tort, en effet, un mandat étant un ordre à exécuter dans des limites précises. Or il est convenu que l'action parlementaire des députés doit rester libre : n'est-il pas écrit, dans la loi organique de 1875, que tout mandat impératif est nul et de nul effet?

Le député, disais-je, est un délégué, rien de plus. Pourquoi ce délégué ? L'Assemblée législative répond : parce que la nation, de qui seule émanent tous les pouvoirs, ne peut les exercer que par délégation. Il tombe sous le sens que l'immensité du territoire, l'éparpillement des multiples citoyens, les conditions de la vie l'empêchent d'exercer sa souveraineté directement. Seulement, puisqu'il est entendu que le délégué est le député du peuple souverain en masse, par quelle contradiction s'obstine-t-on à le faire choisir par un collège électoral aussi restreint, aussi mesquin que l'arrondissement, au lieu de lui donner pour origine un collège plus vaste, plus rapproché de l'unité nationale, soit le département — ou mieux encore, si c'était possible?...

La députation constitue une mission d'intérêt public ayant pour fin de choisir et de contrôler l'autorité représentative de la souveraineté. Nécessairement, une mission aussi large suppose l'indépendance complète du magistrat temporaire qui en est investi. C'est là, il faut bien se le mettre en tête, la condition fondamentale du régime représentatif. Si l'on en convient, on reconnaît du même coup que la nature même du régime précise, limite, épure les rapports entre l'électeur et l'élu.

Si j'étais député, — hypothèse absurde, oh! si absurde vraiment, — je proposerais d'instituer un débat sur les droits et les devoirs des représentants du peuple. Il est probable que cette discussion entraînerait à examiner de près certains articles des lois constitutionnelles. Mais je ne suis pas député, et je m'en réjouis, car, n'étant ni maître ni serviteur de personne, j'ai la liberté, infiniment plus précieuse, de vous écrire à cœur ouvert, sans m'inquiéter de savoir si nos libres entretiens servent ou desservent les politiciens intrigants du Palais-Bourbon. Pauvres gens! si habiles équilibristes se croient-ils, chevauchant allégrement la majorité en même temps qu'ils frisent sournoisement l'opposition, par exemple aujourd'hui réformistes ardents, demain prudents partisans du *statu quo*, au vrai girouettes banales sans autre conséquence que d'agacer par leur vain grincement, s'immobilisant ou tournant follement selon que la brise du soir leur apporte une moindre ou plus forte odeur de maroquin. Nous causons entre nous, et quant à ce qu'en pensent ces messieurs de la Chambre ou des comités, c'est le cadet de nos soucis, n'est-ce pas ?

QUINZIÈME LETTRE

PROGRÈS DES IDÉES DE RÉFORME : LE PAYS ASPIRE A LA DÉLIVRANCE.

Malicieux, les yeux embusqués derrière un binocle aux grands verres ronds et jaunes, mon ami l'instituteur badine. Il badine souvent depuis que la réforme électorale fait couler des flots d'éloquence. Mais il badine avec scepticisme. Un jour que je le lui reprochais non sans un peu d'humeur, il me donna les raisons de son doute persistant :

— Vous nous avez exposé vous-même, cher monsieur, pourquoi le pays ne doit attendre rien de bon d'une Chambre aussi égoïste : comment nous laisserions-nous aller à espérer qu'elle adoptera une réforme destinée à l'expurger ? Elle pense uniquement à sa réélection. Il serait trop enfantin de compter sur elle pour condamner un système électoral qui est sa sauvegarde. Outre que

— vous l'avez plus d'une fois déploré devant moi — les réformistes actifs forment une troupe sans consistance ni direction ! Ils paraissent en effet combattre en tirailleurs dispersés, sans plan stratégique, sans cohésion, n'ayant pour base aucune organisation sérieuse, pour stimulant aucun chef entraînant, au demeurant eux aussi (une poignée exceptée) politiciens jusqu'à la moelle, proportionnant leur effort aux remous de la vie parlementaire, se subdivisant à leur tour en groupes et sous-groupes, si inquiets de mettre à l'abri leur vertu républicaine, si empressés à l'enchâsser sous toutes les étiquettes préservatrices qu'il n'en restera bientôt plus une seule à attacher sur la réforme elle-même, sauf celle où ses adversaires ont déjà inscrit le mot : poison ! Avouez qu'un tel spectacle a de quoi nous rendre sceptiques. Quel but poursuit-on à Paris ? Ni vous ni moi, cher monsieur, ne le savons. Les événements cependant nous autorisent à risquer bien des suppositions. La réforme électorale ne serait-elle pas devenue simplement un cheval de bataille que l'on sort ou que l'on rentre au gré d'intrigues dont il est difficile de percer le mystère — mais dont il est facile de constater l'influence déprimante ? Alors, de qui se moque-t-on? Voyez-vous, quoi que vous disiez, la réforme restera un vain mot tant que l'on ne passera pas aux actes...

Je ne l'avais pas revu depuis qu'il m'avait démontré par ce raisonnement que, si apolitique se veuille-t-il, il observe avec assez d'acuité les hommes et les choses de la politique. Il m'est arrivé tout à l'heure souriant et même un tant soit peu goguenard. Aussi, me tenant sur mes gardes, ai-je laissé d'abord la conversation buissonner à l'aventure. Ce que voyant, lui de m'interroger :

— Et la réforme électorale ?

Parbleu! c'était bien là, je le pressentais, la cause de son attitude railleuse. Hochant la tête, je réponds d'un ton que je m'efforce de rendre indifférent :

— Elle suit son petit bonhomme de chemin. Il ne faut pas être pressé ni exigeant! Les promoteurs de la réforme sont accablés de besogne. Vous n'ignorez pas qu'à la Chambre ils siègent matin et soir. Songez donc à leurs travaux, à leurs préoccupations! Il y a eu la question scolaire, il y a eu l'Ouenza, il y a eu l'inondation, ah ! l'inondation... Puis le budget ! Voyons! il est impossible de ne pas le voter avant les élections. Juste le temps ! Comment voulez-vous que nos hommes aient la liberté de soutenir sans répit une campagne d'idées? Ils se doivent à leur mandat...

Mes paroles ne semblent pas convaincre mon interlocuteur, car il se prend à rire, si bien que, agacé, je m'écrie franchement :

— Eh bien, oui! nous sommes Gros-Jean comme devant. Rien de changé à la situation. Ou plutôt si : le mouvement qui aurait l'an dernier emporté toutes les résistances, ce mouvement qui menaçait déjà les murs du Palais-Bourbon comme on nous dit que firent les eaux de la Seine, le voilà arrêté, refoulé ! La réforme électorale? Voyez à quoi messieurs les députés passent leur temps : à mettre le budget au pillage, à inventer propositions démagogiques sur propositions démagogiques, car il ne faudrait pas croire qu'ils ne s'occupent point du corps électoral ; au contraire, ils ne pensent qu'à lui, mais c'est pour le mieux corrompre et le mieux suborner !

Mon ami l'instituteur se frotte les mains. Jadis il avait foi dans les politiciens. Neiges d'antan ! Il n'éprouve pour eux plus aucun goût. La faillite parlementaire, qui m'exaspère, le réjouit. Elle justifie le scepticisme dont naguère je le blâmais. Et il triomphe doublement, d'abord d'avoir prévu cet échec, ensuite d'une nouvelle importante qu'il se décide enfin à m'apprendre :

— Si l'action réformiste de la plupart des parlementaires engagés dans la lutte s'est faite modérément sinueuse, jusqu'à en paraître étouffée, le travail des esprits loin d'eux continue. Vous-même, il n'y a pas longtemps, revenant d'excursions campagnardes, vous le constatiez. Mais voici qui vous contentera plus encore que vos observations directes : un grand nombre d'instituteurs adhèrent à la représentation proportionnelle. Et ce n'est pas tout ! Certains groupements ont résolu de ne pas attendre son adoption par le Parlement pour la mettre en pratique eux-mêmes · l'Amicale d'un département vient de donner l'exemple.

— Oh ! oh ! est-ce exact ?

— C'est tellement exact que je puis entrer dans des détails. L'Amicale dont il s'agit avait à élire son conseil d'administration.

« Elle comprend onze cents membres ; elle devait nommer quatorze administrateurs. Il fut décidé qu'il serait procédé au vote d'après le système de la représentation proportionnelle. Qu'arriva-t-il ?

« Trois listes étaient en présence. Il y eut 535 votants. La première liste obtint *six* élus ayant réuni 229 à 221 voix, la deuxième liste *cinq* élus avec 225 à 172 voix, enfin la troisième liste *trois* élus avec 157 à 145 voix. Six candidats de la première liste, quoique ayant obtenu 218 à 209 suffrages, se trouvèrent mathématiquement évincés [1].

— Savez-vous si les listes avaient été dres-

1. Je dois citer — par exception — le département dont je parle ici : c'est celui de Maine-et-Loire.

sées d'après des questions de programmes ou d'après des questions de personnes?

— Ce point dans la circonstance me paraît secondaire. Ce qui est intéressant, c'est le fait en soi, c'est l'application matérielle de la méthode électorale à laquelle ces excellents radicaux prétendent que l'électeur français ne comprendra jamais rien. Application opérée par qui? Par une Amicale d'instituteurs, c'est-à-dire par les éducateurs directs de l'ouvrier et du paysan. Ne pensez-vous pas que si, Amicales ou Syndicats, nous, instituteurs, nous adoptons le système de la représentation proportionnelle dans nos élections professionnelles, la réforme fera un progrès plus rapide qu'on ne le désire sérieusement à Paris?...

M'est avis que c'est là en effet un fait considérable. Les instituteurs gardent encore, quoi qu'on dise, une influence prépondérante: nos gentils parvenus de l'aristocratie républicaine (ô mes parchemins!) ont beau leur infliger, dans un sens méprisant, l'épithète de « primaires », ce n'est pas ce stupide dédain qui les rabaissera auprès des paysans, au contraire. S'ils viennent à la réforme bravement, s'ils la réalisent dans leurs propres élections, parfait! Voilà crevé du coup le sombre mystère d'arithmétique par quoi ces bonnes âmes de députés sont tant apeurées pour l'esprit si simpliste de leurs pauvres électeurs. Les radicaux ont crié par-dessus les toits que l'éducateur du peuple, c'est l'instituteur. Eh bien, c'est entendu. L'instituteur, prêchant d'exemple, enseignera au peuple que l'application de la représentation proportionnelle est la chose la plus simple du monde : entre *primaires* et *primitifs*, puisque ces esprits éminemment supérieurs que sont les radicaux traitent ainsi leur clientèle électorale, on doit se comprendre, que diable ! Et par là est démoli l'un des plus gros arguments des adversaires de la réforme électorale.

Ayant ainsi réfléchi sur ce que je venais d'entendre, je pris la parole à mon tour :

— Moi aussi, mon cher instituteur, j'ai quelque chose à vous apprendre. Oh ! ce que je vais vous dire n'offre pas le même intérêt que votre communication, mais c'est assez curieux. Les radicaux, vous vous en souvenez, ont blagué (excusez le terme, c'est leur genre d'esprit qui l'appelle), ils ont donc... non! ils se sont moqués de la représentation proportionnelle sous prétexte qu'elle serait d'origine belge. Ils en ont même fait des gorges chaudes. La France adoptant une invention belge! Nos radicaux haussaient les épaules, et, après rire, ils s'indignaient. Oh! non pas qu'ils aient répudié leurs vieilles tirades ronflantes sur la fraternité des peuples et sur la République universelle : ils nous les resserviront à l'occasion! Mais ils s'entendent fort bien, selon les besoins de leur politique électorale, à faire du patriotisme — et même du chauvinisme le plus étroit. Nous, Français, voter comme les Belges, horreur! Ah! j'en frémis encore... Or, voici l'amusant: le principe de la représentation proportionnelle — j'en demande pardon à nos voisins — ne nous vient pas absolument de la Belgique; il est d'essence très française, et il date de plus de cent ans.

— Pas possible !

— Comme je vous le dis. Dans la séance du 29 septembre 1789, l'Assemblée nationale entendit le rapport du comité de Constitution, présenté par Thouret, Sieyès, Talleyrand, etc., *sur les bases de la représentation proportionnelle* — c'est l'énoncé textuel.

— En réalité, de quoi s'agissait-il ?

— D'établir le gouvernement représentatif sur « l'égalité proportionnelle dans la représentation ». Selon Sieyès et ses collègues, les bases de la représentation devaient être en raison composée du territoire, de la population et des contributions. Sur 720 députés affectés aux 80 départements, un tiers était attaché au territoire (trois invariablement par département), un autre tiers était réparti — proportionnellement — sur la population et le troisième tiers, de même, sur la contribution. Cette dernière base ne lésait en rien les droits politiques des individus : elle s'établissait d'après la participation financière des villes aux dépenses de l'État. Le mécanisme de cette représentation proportionnelle n'avait rien de compliqué... Mais il se fait tard, et votre école vous réclame...

Comme, nous séparant, il disait en riant :

— On trouve un peu de tout dans la Révolution.

— Oui, répliquai-je, même des raisons d'espérer. Après la nuit du 4 Août, à laquelle il n'avait pas assisté, Mirabeau s'écriait : « Voilà bien nos Français ! ils sont un mois à disputer sur des syllabes, et dans une nuit ils renversent tout l'ancien ordre de la monarchie. » Tôt ou tard, soyez-en certain, les députés, après avoir discuté, tâtonné, tergiversé, seront obligés de faire eux aussi leur petite nuit du 4 Août ; ils y apporteront plus ou moins de bonne grâce, mais ils la feront..

SEIZIÈME LETTRE

NÉCESSITÉ MORALE D'ARRACHER LES CAMPAGNES A LA CONTAGION DES MŒURS PARLEMENTAIRES.

La France, observait l'un de nos moralistes politiques (ces deux mots ennemis se supportent parfois), la France est un peuple qui craint par-dessus tout de passer pour dupe. Un pareil sentiment, pourrait-on ajouter, explique comment la plupart des grands hommes d'État sous tous les régimes ont pu être, à en croire l'histoire, de grands comédiens. Pas plus que la peur d'être trompé ne mit jamais homme à l'abri du sort de Sganarelle, en aucun temps la crainte d'être dupé ne préserva notre pays des fourbes heureux. Le singulier, ce n'est pas que cette mésaventure lui soit arrivée plus d'une fois, c'est la bizarre opposition des effets qu'elle produisit sur lui selon qu'elle le trouva indocile ou soumis. Tantôt, en effet, il se montra gauloisement résigné, tantôt sombrement révolté. Tout pesé, je ne l'aime pas du tout résigné.

J'attribuerais volontiers à l'influence du sentiment ici caractérisé l'état comateux dans lequel la France républicaine depuis trop longtemps s'affaisse et s'oublie. La nation gouvernante l'y a d'ailleurs poussée avec une savante duplicité. Infidèle à l'idéalisme dont elle s'était parée pour monter au pouvoir, elle n'a plus fait reluire devant la nation gouvernée que le matérialisme et ses paillons. Ce n'est pas l'intelligence des masses qu'elle a émancipée, c'est l'instinct de jouissance. Comme le pays a vu la satisfaction des sens devenir l'aiguillon dominant des affaires publiques, il a subi la contagion. Les mauvais exemples ne sont-ils pas les plus suivis? Le pays pensa que la duperie, cette fois, ce serait de rester courbé sur sa peine, tandis qu'autour de lui la vie facile s'étalait au milieu d'indulgences complices. L'esprit de révolution fut éclipsé par l'esprit d'imitation. Le pays prit son parti de tout ce qui jadis l'indignait. Bien mieux : D'une dissolution de mœurs publiques telle que, par un retour mélancolique, on est ramené à celle dont sortit la « révolution du mépris », il fit sa règle de vie ! Ah ! le succès est un merveilleux appât. A des foules dévorées de tous les appétits, quels conseils de continence, quelle morale sociale opposerait-on après leur avoir prêché la religion du plaisir à tout prix ? Cependant on nous raconte que les premiers républicains, j'entends ceux qui nous ouvrirent la carrière, ne trouvaient jamais leurs invectives assez furibondes pour flageller la « vie à outrance » du règne de Napoléon III...

De braves gens s'étonnent encore de la rapidité avec laquelle nos aïeux passèrent des orgies sanguinaires de la Terreur aux orgies licencieuses du Directoire, de la liberté effrénée de la première République au despotisme écrasant du premier Empire. Ce peuple, si corrompu soudain et si docile, était-ce bien le même qui avait enthousiasmé l'univers à la prise de la Bastille? Oui, c'était le même peuple, et sa transformation subite venait simplement rappeler que les lois les plus dures restent sans efficacité si elles ne sont précédées ou accompagnées d'un changement de mœurs ; vérité très banale, bien que les gouvernants n'en fassent point état. Du sommeil de l'énergie française sous les mœurs déréglées du Directoire, les Goncourt ont tiré une moralité fort sensée : pour « extirper l'esprit révolutionnaire », il y a quelque chose de plus fort que les lois, c'est l'engourdissement des membres, l'alcoolisme abêtissant ou stupéfiant, les modes dépravées, tous les excès de la chair, tous les abus de l'or. Si l'esprit révolutionnaire lui-même ne résiste pas à ces phénomènes de dissolution sociale, faut-il s'étonner qu'ils corrompent totalement, comme nous le voyons, l'esprit civique ?

La corrélation entre le point de vue moral et le point de vue politique est plus étroite qu'on ne le pense généralement. Cela est vrai surtout de la France, où la passion tend toujours à balancer la raison. Il est avéré que les partis qui ont de tout temps acquis le plus d'ascendant sur les masses sont ceux dont le programme se résumait en une idée généreuse, même fausse. Mais, par une conséquence très explicable, ce sont aussi ces mêmes partis qui ont exercé sur elles l'influence la plus pernicieuse, dès que, l'opinion conquise, ils furent parjures envers leur principe initial. Chateaubriand notait que le peuple ne lit pas les lois, mais les hommes : c'est dans ce code vivant qu'il s'instruit. Ainsi, de nos jours, le peuple des campagnes voit clairement l'intérêt privé constituer presque tout le ressort de l'action publique. On ne cherche plus à éveiller son âme, à peser sur lui par une force morale, on l'excite en flattant les inclinations grossières. Où est le temps où l'on regrettait que le paysan ne comprît la politique que par le thermomètre du percepteur ? où l'on se plaignait qu'il n'eût de rapport avec l'État que par l'agent financier de l'État ? Maintenant c'est de tout autre façon qu'il la comprend : c'est par l'influence de son député. L'État, le percepteur, le garde champêtre, il a la conviction qu'il peut en avoir raison si son député est bien en cour ; aussi, le connaître, l'approcher, au besoin le tenir, c'est toute sa politique.

Il y a une dizaine d'années, on pressait un brave cultivateur de ma connaissance de faire voter pour un adversaire déterminé de la République. Il écouta d'un ton tranquille les sujets de mécontentement énumérés à ses oreilles, et, quand on le crut suffisamment endoctriné, il laissa simplement tomber ces mots : « La République a fait les routes ! » Aucun argument ne valait au regard de cette raison bien terrienne. Il y a un mois, le même cultivateur recevait la visite d'un candidat, républicain celui-ci, qui se présente contre le député sortant. Cette fois, l'audition terminée, mon homme n'objecta pas les routes dont la région a été gratifiée par le régime; au contraire, il s'associa aux critiques adressées à la Chambre actuelle, même il se moqua de bon cœur de son propre député, et en venant à sa réélection, il s'exprima en ces termes : « Nous ne l'aimons point. Si vous le battiez, nous serions bien contents. Seulement il fait la pluie et le beau temps. Si je suis de votre côté et s'il est tout de même réélu, c'est bien des tracas pour moi! Il faudra voir... » A dix ans de distance, quelle différence de sentiments! Autrefois, il votait franchement pour le candidat de la République, par reconnaissance ; aujourd'hui qu'il est mécontent, il voudrait bien voter selon sa véritable opinion, mais il hésite à le faire, et s'il hésite, c'est par prudence...

Il est vrai qu'en certains endroits l'électeur rural cesse de se montrer prudent et se fait exigeant. Cela s'explique fort bien. L'ouvrier des champs, malgré sa finesse pratique, a mis plus de temps que l'ouvrier des villes à comprendre tout le parti à tirer des mœurs instituées par les politiciens. Il lui a fallu d'abord en être la victime. Lorsqu'il s'est rendu compte que le député peut le bien et le mal, « surtout le mal », corrigeait l'un d'eux, la nécessité lui a inspiré l'idée de se le rendre favorable, puis, tout en le ménageant, de le faire passer sous sa dépendance. Le campagnard aime moins qu'un autre à être dupé. Il a voulu sa petite part d'influence et de ce qui s'ensuit. Son bulletin de vote a été tellement sollicité qu'il y a attaché une valeur productive, « d'un bon placement si l'on y sait faire ». Il a su y faire — car je parle ici du paysan madré, et celui-là n'est pas l'exception. Donc il est allé tout droit au politicien recommandé par la préfecture ; mais, par un contraste assez significatif, tout en s'abaissant devant lui, il lui a fait sentir petit à petit sa mainmise, laissant entendre qu'il ne le servirait qu'à la condition d'être lui-même servi le jour où besoin serait. Simple échange de bons procédés !...

Je ne sais pas si dans ce système de mutualité électorale la République et sa politique sont jamais en question. Il est présumable qu'avant tout élus et électeurs se préoccupent de signer un contrat d'assurance réciproque. Sans doute trouvent-ils cela aussi naturel que ce député millionnaire qui était soumis à l'enquête pour corruption d'électeurs; chaque fois qu'à la commission nommée par la Chambre on lui demandait s'il était vrai qu'il eût donné telle somme à tel électeur, il sortait de sa poche un petit carnet, le feuilletait, et le plus tranquillement du monde : « En effet, Messieurs, à celui-ci j'ai donné tant, à celui-là tant, c'est bien cela ! » Et comme on s'étonnait : « Ils faisaient voter pour moi, je les payais, cela n'a rien d'extraordinaire ! » Il faut croire qu'il avait raison puisqu'il fut validé !

Doit-on s'indigner? Ce serait inutile, car, sous une autre forme, le trafic du corps électoral se pratique sur une plus grande échelle. Ici la corruption vulgaire et brutale disparaît. C'est à une corruption plus avouable, si j'ose dire, que l'on fait appel. Par exemple les grandes associations politiques, dont les candidats se réclament dans les campagnes, nous sont vantées comme portant à bon droit l'estampille officielle. Leur couleur, leur étiquette, on n'en parle que comme d'un signe distinctif. L'important est de bien mettre dans la tête des électeurs qu'ils ont tout intérêt à obéir au mot d'ordre des dites associations parce qu'elles constituent les premières puissances dans l'État. Qui en douterait? Chaque année, depuis qu'elles existent, le gouvernement délègue pompeusement plusieurs de ses membres à leurs banquets, sollicitant leur approbation pour sa politique en de retentissants discours. Six ministères depuis dix ans se sont succédé, la politique a varié, les partis (?), les hommes se sont séparés, brouillés, combattus. Seules, ces redoutables associations sont restées semblables à elles-mêmes, immuablement gouvernementales, immuablement influentes, sans cesse invitant à leurs agapes les ministres du jour comme elles faisaient des ministres de la veille, démontrant ainsi à la France que si les ministères changent, ce n'est pas ce qui les dérange : dispensatrices des faveurs elles étaient, dispensatrices des faveurs elles restent. Elles pourraient prendre comme enseigne : *Aux ministres de France!* Et cela ne serait pas plus excessif que l'inscription aguichante des boutiquiers qui, honorés d'emplettes royales, s'intitulent en belles lettres dorées : « Fournisseur de S. M. le roi ou la reine de... » Quand les chalands les plus avertis se laissent attirer par de tels attrape-nigauds, pourquoi les électeurs ne s'y laisseraient-ils pas prendre mêmement ?

Les candidats leur donnent bien l'exemple, eux qui commencent par implorer l'investiture des comités dont je parle. Ils sont là des douzaines par département à s'envier les sièges, à se les disputer, à se les arracher. Pour quelques-uns de sincères, de convaincus, combien sont prêts à afficher le programme, le drapeau — indifférents à leur couleur — de l'association, de la coterie parisienne dont ils auront gagné l'appui. Il ne s'agit pas d'aider au triomphe d'un parti, d'une idée. Rengaines des vieilles lunes ! Il s'agit d'être député pour avoir sa place au banquet — celui où l'association convie les ministres, et celui de la vie. Puisque la politique est un métier, tous les moyens sont bons qui assurent le succès !

C'est vrai. La carrière de politicien est devenue un métier comme un autre. C'est pour cela qu'elle est tellement encombrée —

surtout par les ratés de toutes les professions. Ainsi va la mode ! Au XIXe siècle elle éleva pareillement au premier rang deux métiers bien différents : celui de prêtre et celui de soldat. L'épée et la robe bénéficièrent sous l'Empire et la Restauration d'une autorité si avantageuse que la société française emplissait de ses enfants la caserne et le séminaire. La vogue a passé — avec les privilèges qui la soutenaient. C'est le tour du métier de politicien d'être porté au pinacle pour les mêmes raisons d'utilité, de profit. Regardons — et attendons !

DIX-SEPTIÈME LETTRE

LES MŒURS JUDICIAIRES CONTAMINÉES PAR LES POLITICIENS

Certaine commune d'un arrondissement voisin était terrorisée par son délégué administratif (Paris a désavoué l'institution, la province a conservé l'instrument). Contre le maire surtout il s'acharnait impudemment, le bravant, le bafouant, l'accablant de lettres pleines d'injures. Il en fait tant que le maire perd patience et porte plainte. Quel bruit dans Landerneau! Le délégué hausse les épaules — on verra s'il a des amis, et lesquels! — et tout tranquille il s'en va au chef-lieu de l'arrondissement prouver sa puissance. Les fameux amis courent chez le procureur, lui demandent le classement de l'affaire : pas de difficulté, c'est une bagatelle! A leur grand étonnement, et j'en suis moi-même surpris, le procureur fait la sourde oreille : « La justice suivra son cours. » Pas possible! Deux, quatre comitards reviennent à la charge, les uns parlant haut, les autres implorant au nom du parti : « Va-t-on, à la veille des élections, poursuivre un bon républicain? Et pourquoi? Pour avoir dit son fait à un « réactionnaire » (parbleu !). Une faute pareille, le magistrat ne peut la commettre, il connaît son devoir : la République avant tout! » Le procureur reste dur comme bois (il ne doit pas être ambitieux, celui-là !), et l'affaire est appelée au tribunal. Là, adieu le délégué insolent. Devant les juges notre homme a la mine basse; mais quand le président lui demande pour quelles raisons il offense, il outrage journellement le maire de sa commune, lui, croyant se sauver, de lâcher ce piteux aveu :

— C'est le sous-préfet qui m'a dit de le faire...

Interloqué, le président regarde ses assesseurs, et sans plus insister il se dépêche de prononcer une légère amende. Qu'eût-il fait de mieux? Réclamer le témoignage du sous-préfet dénoncé par son compère, quelle plaisanterie! Le tribunal sait trop bien pour qui travaille le locataire de la sous-préfecture : c'est déjà beau qu'à son évocation il n'ait pas conclu par un acquittement! Vous pensez en effet si le député, qui compte parmi ses adversaires le maire à qui par jugement réparation est faite, va être content...

Ce n'est là qu'un incident et c'est tout un symbole. A quels agents, à quelles manœuvres recourent certains sous-préfets en vue d'imposer aux électeurs le député sortant, le candidat du « parti », ouvrez les yeux, c'est le bon moment, et vous vous instruirez. Encore tout ce qui se fait ne le verrez-vous pas. Vous douteriez-vous, par exemple, passant devant cette jolie sous-préfecture bordée d'un jardin où les chardonnerets sautillent sur les arbres bourgeonnants, qu'il y a là un jeune homme occupé non à faire des vers, mais à classer les renseignements politiques à lui adressés — *sur questionnaire imprimé* — par les délégués cantonnaux de son arrondissement transformés en mouchards? Le sous-préfet ne va plus aux champs, — il allume les fourneaux pour sa cuisine électorale.

Comment celui dont il a été question au tribunal d'à côté prendra-t-il l'aventure? En écrivant un rapport contre le procureur coupable de n'avoir pas arrêté les poursuites. S'il y manquait, le « comité » se chargerait de cette besogne. Un magistrat indépendant, qu'est-il besoin d'un pareil phénomène? La République, pas plus que les autres régimes, ne saurait s'accommoder de cette espèce. Mon Dieu! ce n'est pas trop la faute des gouvernements : c'est celle du pays lui-même. Nous aimons la liberté (du moins le croyons-nous), nous aimons également l'ordre; mais, pour la loi, nous la respectons si peu que nous voulons toujours tricher avec elle. Je ne suis pas le premier à constater cette vérité nationale. Nos philosophes du dix-huitième siècle en gémissaient amèrement. Le bon Mably, comparant l'Angleterre et la France, remarquait que les Anglais sont plus attachés à leurs lois qu'à leurs libertés mêmes, et que chez les Français c'est tout le contraire. Il nourrissait le vif espoir que la tendance de notre esprit changerait sur ce point avec nos institutions et nos mœurs. Car la liberté n'est qu'un mot dans une République où l'amour de la liberté n'est pas accompagné de l'amour des lois, parce que ce sont alors les passions qui dictent les lois et ce sont les intérêts privés qui les appliquent. Nos institutions ont changé, nos mœurs... je n'en jurerais pas, mais je ne sache pas que l'espoir du bon Mably se soit réalisé. Ce philosophe n'aurait-il été qu'un rêveur?

Si la France du vingtième siècle aime les lois et la justice autrement que la France du dix-huitième, c'est encore l'observation des faits qui permettrait le mieux d'en décider. Précisément, voilà des mois que je me promets d'épingler à votre intention mes notes sur la distribution et l'administration de la justice en notre aimable pays. Même loin des superbes palais où planent inaccessibles les grands oiseaux de proie, même dans l'étroite sphère où s'écoule cahin-caha notre existence chétive, ce qui se voit, ce qui s'entend touchant les gens de loi a de quoi effaroucher. Que de choses à dire sur cette caste lézardée — et qui sont des plus tristes!...

Au lieu de réagir, le politicien, là comme partout, accomplit son œuvre mauvaise. Il peuple de ses créatures les justices de paix, les tribunaux, les cours. Il pèse sur les prétoires de ses promesses ou de ses menaces. Il mesure son indispensable faveur aux services rendus sous forme d'arrêts. L'indulgence ou la sévérité, le châtiment ou l'impunité, il les veut dispenser à son choix. Malheur au magistrat qui lui ose résister! Sa carrière pour toujours est entravée, sinon brisée du coup. Des faits révoltants démontrent chaque jour aux justiciables que si tous les citoyens sont égaux devant la loi, la loi aux mains des politiciens n'est pas égale pour tous les citoyens. Des preuves à l'appui de cette vérité, mes notes en débordent, mais elles sont trop! Une lettre à vous les exposer ne suffirait pas. J'y renonce pour l'instant. En les feuilletant, je me souviens des confidences d'un honnête juge vieilli sur son siège, et je pénètre mieux la profondeur du mot par lequel il les terminait : « La magistrature aurait besoin d'avoir dans son sein une *Affaire.* » Ne l'a-t-elle pas présentement, ou presque[1] ?

Les lois, la justice, je ne suis pas éloigné de croire que nous ne nous en faisons pas une idée plus nette que de la République elle-même. Ces comitards exigeant l'impunité pour un des leurs, par l'excellente raison que sa victime n'est qu'un simple réactionnaire, cela n'indique-t-il pas qu'à leurs yeux la République ne doit pas la justice à ses ennemis, c'est-à-dire aux citoyens qui vivent en dehors du parti, de la coterie? Quoi! un réactionnaire a l'audace de réclamer justice? C'est de la bouffonnerie — qu'on le jette aux chiens! Et chantons en chœur la *Marseillaise !...*

Je suis républicain, je le suis de raison et de cœur. Enfant, adolescent, on m'eût demandé une définition du mot « réactionnaire », certainement je l'eusse esquissée d'une façon

1. Le scandale des liquidateurs judiciaires venait d'éclater.

à peu près exacte, étant donné que, à l'époque, — ô temps enfuis! c'était sous l'Ordre Moral, — il y avait encore des réactionnaires qualifiés. « Un réactionnaire, eussé-je répondu, c'est, par exemple, le *pion*, qui, hier, devant toute la classe, m'a tenu agenouillé et coiffé du bonnet d'âne parce que j'avais écrit sur mes cahiers : « Vive la République! » Aujourd'hui (je vous le dis bien bas, bien bas, car nos radicaux-socialistes ont l'oreille aussi fine que les sbires de la Venise des Doges), aujourd'hui je serais bien embarrassé pour répondre à semblable question. Des conservateurs, certes! j'en connais, vous aussi, et je vous ai démontré il y a un mois ou deux que les plus entêtés, ce sont ces charmants radicaux eux-mêmes. Mais des réactionnaires, des *vrais*, je vous jure que je n'en vois guère, à moins que ce ne soit peut-être bien vous, ou peut-être bien moi!

Non! non! Marianne peut se rassurer, ce n'est ni vous, ni moi, ni tant de braves républicains de notre connaissance qui, malgré tout leur passé, malgré toute la fermeté de leurs convictions, sont traités en ennemis dans la maison qu'ils ont eux-mêmes édifiée. Un réactionnaire, de nos jours, c'est le citoyen assez indépendant pour ne pas s'enrôler dans le « bloc » ou dans l'une quelconque de ses innombrables filiales, c'est le citoyen assez libre pour ne point s'asservir aux tyranneaux de chefs-lieux et de villages, c'est le citoyen assez courageux pour avouer son mécontentement, pour désirer que la République une bonne fois se décide à faire table rase, ou mieux à nettoyer les écuries d'Augias : attendra-t-elle, pour y faire passer le fleuve Alphée, la résurrection d'Hercule? Cependant les trente ans fixés par la fable sont révolus...

Oui, tous ceux qui ne sont pas des républicains embrigadés, des républicains officiels, voilà les réactionnaires du jour. Autant dire la majorité du pays! Majorité trop souvent silencieuse et craintive, hélas! mais assez excusable, car notre République est devenue singulièrement intolérante, singulièrement sectaire. On l'accuse de jacobinisme. Pauvre jacobinisme! en vérité. La Convention elle-même était plus large d'esprit, plus tolérante. Oui ! la Convention. Souvenez-vous qu'en ses heures tragiques elle permit à l'un des siens de soutenir à la tribune le droit qu'avaient les assemblées primaires de se faire royalistes si bon leur semblait. Et qui donc risquait ce propos, lequel soulèverait dans notre Chambre l'ouragan des pupitres en fureur? Était-ce un modéré, un *feuillant?* Non, c'était un républicain passionné, un représentant devenu célèbre pour ses missions en Vendée et sur le Rhin, c'était Merlin de Thionville, ami de Danton et des Cordeliers. Encore un vil réactionnaire, n'est-ce pas? messieurs les radicaux-socialistes...

De la bêtise de ces gens — les nôtres! — ou de leur hypocrisie, je ne sais quoi le plus admirer. Quand ils n'appellent pas leurs adversaires des « réactionnaires », ils les qualifient de « cléricaux ». Encore cette dernière épithète pourrait-elle trouver à qui s'appliquer, mais ils la jettent à tout venant! Un peu de mesure, sapristi! Tenez, un fait. Un brave homme des environs s'est vu refuser son droit sous prétexte qu'il est clérical : or il ne s'est pas marié à l'église, il n'a pas fait baptiser ses enfants, il ne va pas à la messe ! Mais il est vrai qu'esprit libre il cause aussi volontiers avec le curé qu'avec l'instituteur, — et qu'il vote pour qui lui plaît. Savez-vous quel est le farouche anticlérical qui lui a fait tort ? C'est le député, lequel, l'autre hiver, mariait sa fille à Paris avec toutes les pompes de l'Église, — en ayant soin d'envoyer à ses électeurs des lettres d'avis où il n'était fait mention que du mariage à la mairie. Tartuffe politicien !

DIX-HUITIÈME LETTRE

POLITICIENS ET BOURGEOIS

Me voici d'aventure flânant chez un ancien condisciple de lycée que j'admirais beaucoup jadis à cause de sa prééminence en mathématiques, une branche où je ne brillais guère! C'est maintenant un notable commerçant, solide au travail quand il le faut, bon père de famille, se plaisant avec les siens en sa maison de ville et sa maison de campagne, par ailleurs ne boudant point à des distractions plus profanes : l'hiver joyeuses parties de chasse, l'été randonnées de compagnie dans une confortable automobile de 24 chevaux, ici où là se régalant volontiers à déguster une bonne bouteille ou à tapoter un joli minois, car il aime à rire et il est gaillard. Au demeurant, un excellent homme qui laisserait fuir les années sans souci de rien, hors le bien-vivre, si son front de temps en temps ne s'assombrissait à l'idée des grèves et des impôts croissant. Bien qu'il affecte, à l'exemple de nombreux négociants, de se tenir étranger aux questions politiques, je l'ai amené à m'exposer la situation électorale dans sa circonscription. Les concurrents viennent précisément de comparaître chacun devant un congrès formé de ses propres amis, et, avec solennité, chacun dans sa chapelle a été proclamé candidat « unique » : de fait, ils ne font pas la demi-douzaine — on en compte quatre à cinq au plus!

Grâce à l'aisance de ses petites villes, à la fertilité de ses campagnes, où le paysan est resté sobre, où l'ouvrier agricole en temps de moisson n'en est pas encore à exiger, outre son salaire, un litre d'absinthe tous les deux jours (comme en telles régions que j'ai également visitées), grâce en un mot à sa richesse naturelle l'arrondissement dont il s'agit mène une existence matérielle plutôt enviable. On y est républicain de longue date. Mais on l'est avec des nuances successives — selon la couleur à la mode. C'est dire que depuis longtemps les modérés n'y décident plus du résultat des scrutins. Néanmoins leur opinion est représentée à toute élection. Est-ce fidélité aux principes? Est-ce espoir d'une saute de vent? Tant il y a que, cette fois encore, ils entrent en lice avec un candidat dont le nom n'est pas accompagné du qualificatif « socialiste », ce qui le différencie de tous les autres, étiquetés l'un républicain socialiste, un deuxième radical-socialiste, un troisième socialiste indépendant, un quatrième socialiste unifié. Il fait exception, et je sais plus d'un conservateur qui l'en blâmera!

Aujourd'hui, en effet, quel est le bourgeois cossu, quel est le millionnaire qui ne se dit pas socialiste? Ils s'en fussent bien gardés voilà vingt à vingt-cinq ans, alors qu'à l'entrée de leurs villages surexcités les travailleurs recevaient à coups de pierres les premiers pionniers du socialisme : j'en ai vu, de ceux-ci, et je salue respectueusement leur mémoire, j'en ai vu qui étaient obligés de fuir, malgré leur courage, sous une grêle d'ardoises, sans même obtenir un morceau de pain ni un verre d'eau. Ils sont morts à la peine, et sur le sillon de lutte et de misère où ils crachaient leurs poumons, les socialistes du jour passent superbes en leurs automobiles, tous respirant la santé et la joie de vivre...

J'ai demandé à mon vieux camarade lequel d'entre les concurrents obtiendrait sa voix. Il n'entrait dans ma question ni malice ni même indiscrétion, car il était vraisemblable, étant donné sa position sociale, que son suffrage se porterait sur le républicain modéré, homme de son monde, industriel estimé, et d'idées larges en somme. Jugez de ma surprise lorsque je l'entendis prononcer le nom du candidat socialiste unifié ! Mon étonnement était si manifeste qu'il en parut piqué : il sentait ce que le choix de ce nom sur ses lèvres avait de comique. Je me mis à rire et m'amusai à le bousculer :

— On t'a donc changé ? Souviens-toi quand tu me trouvais trop avancé (est-ce l'année dernière ou l'année d'avant ?), quand au seul mot d'impôt sur le revenu tu fulminais, tremblant pour ton coffre-fort, tes propriétés, ta prospérité grandissante. Et te voilà collectiviste!... Quel revirement! Quelle conversion!

— Mais je ne suis pas collectiviste! Je suis bien résolu, comme par le passé, à défendre ma fortune et à la laisser tout entière à mes enfants!

— D'autant plus que, d'après tes confidences, tu l'augmentes chaque année. Mais alors, si tu tiens autant à ton capital, je ne te comprends plus...

— Il faut hurler avec les loups! Les crois-tu sincères, ces multimillionnaires que l'on voit, à l'heure actuelle, socialiser et collectiviser dans une foule de circonscriptions? Ils n'ont qu'un but : être élus! S'ils sortent vainqueurs de ce combat, où la palme est à qui exagère le plus et le mieux, leur ambition surnagera seule au Palais-Bourbon. Là, s'ils réussissent à accaparer le pouvoir, ils serreront les coudes pour l'exploiter entre eux ; s'ils sont forcés de le partager, ils pactiseront avec leurs rivaux, que ceux-ci soient de la droite ou de la gauche. L'histoire des dix dernières années ne nous enseigne-t-elle pas qu'en politique on se tue si on le peut, on s'embrasse si l'on y échoue ?

— Bravo ! c'est le procès des politiciens que tu fais là. Seulement, toi qui les méprises, pourquoi, en tant qu'électeur, les imites-tu ?.. Cependant je t'ai souvent entendu blâmer l'électeur inculte de se laiser prendre à leurs pipeaux. Tu le rendais même responsable de la situation, tu murmurais contre lui, tu criais : Haro sur le baudet ! Eh ! eh ! le baudet me semble avoir des frères assez richement harnachés...

— C'est possible, mais tes railleries ne modifient pas ma résolution. Mon parti est pris. D'ailleurs, voter pour le modéré, pour le radical, pour l'unifié, quelle différence y vois-tu ? Il y a quatre ans, à la tribune de la Chambre, le chef du parti radical disait à M. Jaurès : « Votre programme, c'est le mien ; vous me l'avez volé ! » Alors ?... Il y a quatre mois, à la tribune du Sénat, le chef du parti modéré faisait siens les projets de loi du ministre socialiste du Travail. Alors ?

alors? ... J'irais voter pour des partis dont les chefs ne savent pas ce qu'ils veulent, sauf le pouvoir?...

— Les chefs, quand ils se sont rendus indignes de la confiance de leurs troupes, on les brise, on en choisit d'autres.

— Précisément, j'ai choisi le mien, et je suis bien tranquille! S'il est élu, ce qui est à peu près certain (sans cela je n'irais pas à lui), il se calmera tout comme un autre. Je le connais — il est venu me voir ! C'est un charmant garçon, très cultivé, ami des arts, et, ma foi ! de fort bonne compagnie. Ses idées sont intéressantes. Il a bien quelques exagérations, comme tu penses, c'est inévitable ! Mais sur le principal, la propriété individuelle, il m'a rassuré : il m'a avoué qu'il a lui-même quelques petites rentes auxquelles il tient beaucoup. Ainsi !... De plus, comme je me plaignais d'avoir en ce moment quelques mauvaises têtes parmi mes employés et mes ouvriers, il m'a tout de suite proposé d'intervenir. J'ai accepté car je redoutais une grève. Il est gentil, hein ! Et maintenant comprends-tu que je vote pour lui?

— Si je comprends! Crainte d'être mangé par le loup, tu cours te cacher dans sa gueule. Bien du plaisir! ami, à l'heure de son festin...

Personnellement, que mon camarade vote pour Jean ou pour Pierre, je m'en désintéresse tout à fait. J'ai en tête autre chose que son bulletin de vote! Ce pourquoi je m'attache à son cas, c'est qu'il n'est pas unique en France, vous le savez bien, et qu'il projette une lueur singulière sur notre bourgeoisie.

Au dix-neuvième siècle, un des plus illustres représentants de la bourgeoisie prononça à son endroit un jugement dont la teneur me parut longtemps en opposition avec les apparences historiques. C'est de Guizot que je parle Il écrivait que la bourgeoisie française, malgré la considération, l'estime, le respect qu'elle imposait, mérita rarement d'être redoutée, parce qu'elle produisit rarement l'impression d'une grande et fière puissance, d'une puissance « vraiment politique ». Il lui trouvait, en dépit de quelques éclats, un caractère modeste, timide, humble; il signalait, sa crainte des responsabilités; il la dépeignait inquiète, troublée, embarrassée, toujours prête à traiter avec ses adversaires « à bon marché ». Tant que je m'en tins les yeux fermés aux grandes lignes de notre histoire, Guizot, je le répète, me sembla injuste pour sa classe. Je m'imaginais la bourgeoisie s'élevant à travers les siècles avec une ténacité audacieuse, refoulant peu à peu la noblesse sous l'effort désintéressé d'une élite sans cesse accrue — penseurs, juristes, écrivains, marchands, financiers; je me la figurais réduisant la royauté, la coupant, installant à sa place la liberté et l'égalité par pur amour de son prochain; et, me remémorant les crises révolutionnaires comme les luttes des Parlements, je lui appliquais en frémissant ce mot d'un homme politique d'autrefois : « En bas, il y a des émeutes, c'est d'en haut que viennent les révolutions. » Ah! quelles vertus admirables je lui accordais, vertu de générosité, vertu d'indépendance, vertu de révolte... Hélas ! j'ai lu, j'ai réfléchi, j'ai vu, je vois encore : ce n'est pas moi qui avais raison, c'est Guizot !

Toute la force de la bourgeoisie en 1789, ce fut sa rage à la suite des piqûres d'amour-propre causées par la morgue insolente des nobles. Ces grands bêtas l'excitaient, alors qu'il eût été si facile de l'amadouer en caressant sa vanité : elle ne demandait qu'à se faufiler parmi eux, tels ces milliers de robins et de croquants anoblis depuis Louis XIV, dont les descendants font remonter leurs quartiers aux Croisades. — Un richard, sous la Restauration, faisait au pouvoir une opposition formidable. Charles X, daignant visiter ses domaines, dit de lui : « Mais il est *né*, cet homme-là ! » Et celui que les historiens appelleront le grand Casimir-Périer, tombe dès lors au silence, flatté, gagné, mûr pour le ministère, tellement furieux quand il croit perdre dans les journées de Juillet le portefeuille espéré, qu'il est seul à tenir pour le drapeau blanc contre l'insurrection victorieuse !... — Des flatteries ou des menaces, l'histoire approfondie apprend aux partis par où, bourgeois entêtés ou bourgeois émancipés, nous sommes de bonne prise. Deux hommes surtout le comprirent et en tirèrent profit : Mazarin et Napoléon. Le second y réussit encore mieux que le premier, et ce serait un chapitre curieux à écrire, celui où l'on expliquerait pour quelles mesquines raisons une grande partie de la bourgeoisie fut bonapartiste plus passionnément qu'elle ne fut jamais royaliste !

Donc, de nos jours, courbant l'échine une fois de plus, elle fait risette aux socialistes. Pour moi, ça ne me gêne pas ! Et, après tout, c'est dans la logique des choses. Elle a été centre gauche, elle a été opportuniste, elle a été radicale, elle sera demain ce que voudra le gouvernement. C'est son droit ! Mais si, forts de son appui, les politiciens — qu'elle prétend mépriser — devenaient après les élections plus maîtres que jamais, elle n'aurait qu'à s'en prendre à elle-même : sa faiblesse, je suis poli ! fait leur puissance.

DIX-NEUVIÈME LETTRE

LES POLITICIENS DÉLIRENT ET LA CONSTITUTION SOMMEILLE

— Enfin, à qui en avez-vous? Est-ce aux hommes? Est-ce aux institutions?...

Plus d'un lecteur veut bien me poser la question. Je la trouve très légitime, et j'aurais d'autant plus mauvaise grâce à m'en plaindre qu'elle ne m'embarasse nullement. Pourquoi hésiterais-je à avouer que je m'en prends mêmement aux hommes et aux institutions? Oui, je les rends mêmement responsables de la situation, mais c'est pour deux raisons contraires: aux hommes je reproche de délirer, aux institutions de sommeiller.

Il y a des gens qui ont le fétichisme des constitutions. Celle qui les régit, bancroche ou rouillée, elle existe, elle est écrite, *sufficit:* ils la proclament intangible, sacrée. Je ne suis pas de ceux-là. L'intolérance constitutionnelle me paraît aussi peu fondée que le dogme de droit divin. Jamais aucune constitution, pas plus que n'importe quelle convention humaine, ne réalisera la perfection. Des philosophes, des politiques considérables ont soutenu avec éloquence que toute constitution porte en soi une cause de destruction qui la doit briser tôt ou tard. Je prétends simplement qu'aucune constitution — monarchique ou démocratique — n'est éternelle, immuable, immobile, qn'au contraire toutes, si elles veulent prolonger leur durée, doivent être modifiables, perfectibles, progressives. Si donc la nécessité s'imposait de reviser la Constitution de 1875 sérieusement, j'acquiescerais résolument. Toutefois je proposerais d'en faire auparavant une application complète et sincère. Car voilà le vice capital de nos institutions : elles ne sont observées ni dans l'esprit, ni dans la lettre. Notre Constitution ne fonctionne pas. On ne la viole point, Dieu non ! on l'étouffe. Mais le viol, à tout prendre, c'est encore de la vie ; l'étouffement, c'est la mort certaine. S'il faut opter, je choisis la vie.

J'ai déjà indiqué par suite de quelle méconnaissance de leur rôle, de quel scandaleux abus de leur procuration électorale, les députés ont faussé les rouages du gouvernement parlementaire et perverti l'État. Je suis convaincu que la République ne serait pas devenue la proie des politiciens, la victime de leur tyrannie exécrable, si les gardiens de la Constitution avaient exercé leurs droits. Ils n'en ont fait aucun usage, ils les ont laissé périmer. Je pense surtout aux deux droits supérieurs attachés à leurs charge : ceux de *veto* et de dissolution.

Je laisserai de côté le droit de *veto*. Non que j'en dénie la valeur ni l'utilité. Mais il donna lieu, voilà quelques années, à un incident trop significatif. Un orateur l'ayant évoqué à la tribune du Sénat, le président de la Haute Assemblée l'interrompit et lui signifia qu'on ne peut en appeler au Président de la République contre la volonté des Chambres. C'était une proposition erronée, car elle est absolument opposée à l'article 7 de la loi du 16 juillet 1875 — article respecté par la très républicaine Assemblée Nationale de 1884. Je constate que le droit de *veto* se trouve *ipso facto* supprimé, et je passe au droit de dissolution.

Qu'est-ce que le droit de dissolution? C'est l'un des deux antidotes employés contre les assemblées délibératives, le second s'appelant coup d'État. Le coup d'État s'appuie sur la force, la dissolution s'arme de la loi : la Constitution de 1875 reconnaît l'une et punit l'autre [1].

Les plus célèbres publicistes constitutionnels, de Benjamin Constant à Prévost-Paradol, ont affirmé la nécessité d'imposer une limite à la puissance des assemblées délibératives. Toutes ont une tendance à empiéter sur les prérogatives du gouvernement, à absorber l'autorité. D'où naissent

1. Les tentatives de coups d'État rentrent, cela va de soi, dans la catégorie des attentats contre la sûreté de l'État soumis à la juridiction du Sénat transformé en Haute Cour de justice.

la confusion des pouvoirs, l'avilissement de l'administration, le mépris des lois. Notre Chambre des députés est le modèle des assemblées accapareuses et pléthoriques. Identifiant l'exécutif et le législatif, elle a soumis la France à sa domination : d'un mot, elle a réalisé à son profit un pouvoir absolu, et le pire de tous, celui d'une oligarchie livrée à ses passions en toute impunité. C'est pour prévenir un tel péril que les partisans du régime parlementaire ont jugé indispensable de poser la garantie d'un contrepoids : soit la faculté de dissoudre les assemblées dangereuses ou indignes.

La raison et l'expérience justifient amplement une pareille sanction. Cependant son principe ne convient pas à tous les républicains. Certains élèvent des objections de doctrine et de fait. Ils prétendent que le droit de dissolution est un vestige du pouvoir royal, qu'il porte atteinte à la souveraineté populaire, que c'est la raison pour laquelle aucune constitution républicaine avant 1875 ne l'a admis. Sophismes et erreurs !

Un régime parlementaire et démocratique normalement constitué a pour base la responsabilité effective des pouvoirs publics. Ainsi notre Chambre des députés est investie envers le pouvoir exécutif d'une double puissance : contrôle et répression. Elle peut mettre en accusation le Président de la République et les ministres. Le renversement des cabinets n'est pas autre chose que la consécration du principe de responsabilité : quand la Chambre condamne la politique des ministères, elle leur donne congé en les mettant en minorité. La responsabilité du pouvoir exécutif est donc à juste titre nettement sanctionnée. Celle du pouvoir législatif ne doit pas l'être moins. Le contester serait d'abord méconnaître ce principe essentiel des démocraties : l'égalité des conditions devant le châtiment des lois. Ce serait ensuite grandir le Parlement, désarmer le Gouvernement, au détriment de l'équilibre des forces constitutionnelles, cette sauvegarde de la souveraineté populaire dont la nation reste seule dépositaire. Il faut donc limiter l'autorité des députés, et, pour la contenir, éveiller leur responsabilité. Pas d'autre moyen pacifique que le droit de dissolution. S'ils abusent de leur autorité, s'ils en mésusent, la meilleure façon de les en déposséder est de les renvoyer devant le pays — leur maître et leur juge.

En quoi cette procédure outrage-t-elle les droits du peuple? Il semble au contraire qu'elle les confirme solennellement, puisque c'est à lui qu'on en appelle pour prononcer en dernier lieu sur ses propres représentants. Selon qu'il les approuve ou les blâme, il les réélit ou non : quelle que soit sa sentence, sa volonté doit être obéie. Mais c'est précisément à propos du respect des décisions de la souveraineté nationale que des républicains s'inquiètent, troublés par la peur du diable, je veux dire la peur du dictateur. Eh bien, quittons la théorie, et consultons les enseignements de l'histoire.

En l'an III, les républicains n'introduisent pas le droit de dissolution dans les lois constitutionnelles, croyant ainsi les mettre à l'abri d'un attentat : au 18 Fructidor, le Directoire, menacé par les élus royalistes de l'an V, lance les soldats d'Augereau contre les Anciens et les Cinq-Cents. Il explique cet acte d'illégalité en se disant privé par la Constitution de tout recours au pays, et c'était vrai. En 1848, même défiance des républicains contre le droit de dissolution : au 2 décembre 1851, le Président Louis Bonaparte mobilise les soldats de Saint-Arnaud contre les Représentants du peuple, et il s'empare du pouvoir. Quelle excuse invoquent ses apologistes? La même que le Directoire — pas d'issue légale à une situation intenable! Mais voici le droit de dissolution inscrit dans la Charte de la monarchie restaurée. En 1816, les exagérations de la Chambre introuvable, plus royaliste que le roi, indisposent le pays : Louis XVIII, craignant pour son trône, la dissout, et le calme renaît. En 1827, le libéralisme d'une Chambre doctrinaire blesse Charles X, qui la casse avec la conviction d'obtenir des censitaires une majorité de royalisme plus ardent : il se trompe, et son premier ministre, M. de Villèle, condamné par les électeurs, se retire pour céder la place à une administration plus libérale. Deux circonstances où le droit de dissolution avait fonctionné à la satisfaction du pays : celui-ci ne bougea pas. Il en est deux autres où l'exercice du même droit lui parut une menace : qu'en résulta-t-il ? En 1830, M. de Polignac complote l'amputation de la Charte et dissout la Chambre : le peuple se soulève et Charles X perd sa couronne. En 1877, le duc de Broglie veut imiter l'homme des Ordonnances ; il dissout la Chambre à son gré trop républicaine : la France maintient les 363, M. de Broglie disparaît, et le maréchal de Mac-Mahon est bientôt forcé de se démettre.

Récapitulons. Pas de dissolution prévue dans les constitutions de l'an III et de 1848 : deux coups d'État. Dissolution écrite dans la Charte de 1814 et son usage régulier en temps opportun : deux crises évitées. Dissolution encore dans les années 1830 et 1877, fonctionnant *légalement, mais contre le pays* : deux gouvernements exécutés!

Je le demande : est-ce aux républicains qu'il appartient de repousser le droit de dissolution? Ce serait d'une ingratitude bien noire! Ils lui doivent la Révolution de Juillet, qui a renversé la royauté « légitime », et la campagne triomphante d'après le 16 Mai, qui a assuré l'établissement de la République. Qu'ils n'essaient pas de tirer de là argument contre son emploi en disant qu'il aboutit forcément à des convulsions : les deux exemples normaux de la Restauration prouvent le contraire.

Aussi bien n'est-ce pas uniquement en cas de conflit aigu entre les pouvoirs publics que doit s'exercer le droit de dissolution. Il n'est pas nécessaire de citer l'Angleterre, où la Chambre des Communes est régulièrement dissoute, même en temps ordinaire, avant l'expiration de ses pouvoirs. N'est-il pas naturel que le corps électoral soit consulté en dehors des époques prescrites, soit qu'une réforme capitale, d'ordre social ou moral, ait sollicité à l'improviste ses représentants, soit qu'un brusque changement de politique générale les vienne mettre en contradiction avec eux-mêmes, soit encore que, ayant cessé d'être en communion d'idées et de sentiments avec l'opinion publique, ils se voient menacés d'achever péniblement, sous la défaveur montante, leur existence flétrie? « Quand un parti est condamné, il se retire et un autre le remplace. » Le mot est de Gambetta : telle est, disait-il, la règle du régime démocratique. Ce doit être *a fortiori* la loi des assemblées délibératives, et plus d'une Chambre en France depuis trente ans aurait dû se l'appliquer.

Nos Chambres n'ont pas l'héroïsme de la Convention : elles ne se suicident pas. Messieurs les députés, plutôt que d'écourter la législature, crieraient à la réaction, à la trahison, au 16 Mai! Mais on les peut dissoudre de gré ou de force. C'est la prérogative du chef de l'État, non pas une prérogative purement honorifique, car en la lui conférant l'Assemblée Nationale de 1875 entendait lui donner

— je reprends les termes mêmes de M. Dufaure — un droit effectif et non pas un droit apparent. Seulement, voilà ! Il faut au Président l'assentiment du Sénat. Or, sénateurs et députés, c'est depuis longtemps, vous le savez, compères et compagnons...

Le droit de dissolution apparaît donc aussi inexistant que le droit de *veto*. C'est dommage ! Il est en effet la seule garantie du régime parlementaire. Sous une constitution dont la représentation nationale fait partie, la nation n'est libre que lorsque les députés ont un frein. C'était l'opinion de Benjamin Constant, qui ajoutait que lorsqu'on ne leur impose point de bornes, ils ne sont point des défenseurs de la liberté, mais des candidats de tyrannie. Le frein exigé, nous l'avons, mais il ne joue pas. Quant aux candidats de tyrannie, ils pullulent, et c'est toute la kyrielle de politiciens embusqués aux quatre coins de la province.

On a dit qu'une constitution n'est bonne qu'autant qu'elle est observée. C'est mon avis. Lorsqu'elle n'est pas observée, trop de gens ignorant ses vertus sont tentés de lui imputer les fautes commises par les hommes. Alors, si l'on veut la garder, il n'y a pas de temps à perdre : il faut l'appliquer, ou bien, impraticable, l'amender.

VINGTIÈME LETTRE

LA RÉFORME EST LE SALUT DE LA RÉPUBLIQUE

Ce n'est plus l'heure de relever les torts et les travers des politiciens. Les Chambres s'en vont, les Chambres s'en sont allées, la lutte électorale bat son plein. Combat d'individus ou bataille d'idées ? A ce point d'interrogation vous ricanez, vous haussez les épaules, votre réponse est faite et je sais trop laquelle. Tans pis ! En dépit de tout, je voudrais conserver encore quelque espoir sur la signification de la prochaine consultation nationale, et c'est en réservant ce sentiment, si peu fondé paraisse-t-il, que je vous demande la permission de prendre congé.

Un homme d'État avait coutume de dire que tout gouvernement qui méconnaît la vérité politique dans laquelle il doit vivre marche à sa perte. C'est là par malheur le défaut de tous les gouvernements bornés, ou qui s'aveuglent sur l'affection des peuples. Leur découvrir les dangers où les entraînerait leur erreur s'ils s'y obstinaient, les confronter avec la réalité des choses, les rappeler à leur raison d'être, ce peut être pour qui le tente une maladresse, c'est à coup sûr, pour qui a la conviction d'exprimer la vérité, un devoir. Une seconde fois, bonnement, au risque de me voir rejeter à mon tour parmi les « ennemis du régime », ah ! ces terribles ennemis, brrrou..., je me suis essayé dans ce rôle épineux. Loin de le regretter, je m'en ose féliciter, car je me sais en parfait accord avec une foule de bons républicains, effrayés à la pensée qu'ils pourraient avoir à supporter une nouvelle législature semblable à celle des quatre dernières années : « Encore quatre années pareilles, s'écrient-ils, impossible ! la liberté n'y résisterait pas. » C'est leur avis, et c'est aussi le mien tout cru.

Nous sommes censés vivre en république,

qui plus est en république élective, démocratique et égalitaire. J'entends bien qu'il n'est pas une seconde entré dans l'esprit des derniers constituants l'idée d'établir une égalité barbare, une égalité chimérique, à la Babeuf, qu'ils ont simplement rêvé de nous donner une égalité inoffensive, une gentille égalité de droits devant le procureur, le percepteur, le recruteur et le gendarme. Ils l'ont rêvé! Les actes de favoritisme, d'arbitraire, les excès de pouvoir des agents de l'autorité, les abus à tous les degrés de la hiérarchie administrative, les pratiques odieuses de cet insupportable potentat de clocher qu'à l'heure actuelle est le politicien, la vie française tout entière accuse l'inégalité des citoyens devant l'État — maître de la loi. République démocratique? L'affiche du Palais-Bourbon annonce : oligarchie démagogique! Souveraineté populaire? La dito poursuit : maquignonnage des collèges électoraux! Gouvernement représentatif? Représentatif d'une coalition, oui! de la nation, non! Et de tout cela vient tout le mal.

Le régime est faussé, la Constitution est dénaturée, le Parlement est discrédité. Pourquoi? Parce que la République a glissé aux mains d'une majorité soi-disant radicale qui, enragée de sauver ses positions vermoulues, redoute de laisser le pays exprimer ses vrais sentiments, et l'enchaîne, et l'enlise. Mais si c'est un parti de minorité qui gouverne la France, soit que le système électoral en usage permette à ce fantôme de parti d'escamoter la majorité, soit qu'apeuré par les feux follets dont il s'entoure le suffrage universel n'ose souffler dessus, je revendique le droit d'affirmer que nous ne possédons pas le véritable gouvernement représentatif. Et donc, à ce dernier, je garde toutes mes préférences — passionnément.

Toutes les opinions ont la faculté de se manifester en liberté, de chercher à endoctriner le pays, de se combattre les unes les autres, d'occuper le pouvoir selon l'issue de la bataille livrée légalement de part et d'autre : telle est la règle primordiale du régime représentatif basé sur le suffrage populaire. Ce régime est le nôtre : nous conformons-nous à la règle? Nous l'avons à peu près suivie pendant une période, qui fut très courte ; il y a longtemps, longtemps...

Dès après la guerre non des Deux Roses mais des deux u, le petit et le grand, guerre peu barbelée d'où tira son nom la célèbre brasserie où Spuller et Ranc, champions des deux camps ennemis, chaque jour se réconciliaient et communiaient en Gambetta, apparut la « concentration ». Son créateur, de pensées honnêtes, espérait apaiser grâce à elle de violentes dissensions dont l'origine était moins le souci du bien public que la rivalité des ambitions. Mais alors qu'il croyait servir uniquement l'un, il travaillait ingénument à fortifier les autres : sous prétexte de se concentrer, elles apprirent à se ménager, à se rapprocher, à composer pour se partager le butin, c'est-à-dire les pouvoirs publics. Lui, il était trop austère, on l'écarta ; la concentration était bonne fille, on l'exploita. Elle couvrit de son facile pavillon ces éphémères cabinets bâtards dont les membres s'associaient moins pour soutenir un programme ministériel sérieusement débattu que pour détenir un portefeuille ramassé dans la brigue. C'est l'heure équivoque où les politiciens s'accoutument à changer d'opinion comme Maître Jacques de livrée, non plus aux exigences d'un homme mais d'un maroquin. Sur les débris des partis frappés de stérilité pousse un syndicat de coteries incolores, celles-ci échauffées, celles-là rouées, toutes ayant pour principe d'action l'appétit du pouvoir. Aux idées succèdent les calculs, aux partisans les courtisans, au drapeau entraînant des dictateurs de foules le guidon séducteur des intrigants d'antichambre. La République dès lors connait la putrescence... Anarchie, socialisme, ralliement, dreyfusisme, tous les heurts, tous les déplacements de forces qui les accompagnèrent, des points, de vagues points dans l'espace !... La faction parlementaire, un moment refoulée, honteuse, masquée, peu à peu sort de l'ombre, reprend pied, attise les passions éparpillées, et, insolemment triomphante, la voici. cette fois, qui domine par les moyens d'un jacobinisme vil. Lorsque les frères de Louis XVI avaient pu rentrer dans la France enfin vaincue, la Congrégation dans sa puissance s'était dépêchée de diviser le royaume en bons sujets et en mauvais sujets. Omnipotent, le Bloc imite tôt sa sœur noire, il institue une politique de police, il partage la République en bons républicains et en mauvais républicains : les bons, ceux qui se font l'instrument de ses basses machinations, les mauvais, ceux qui l'humilient de leur réprobation. Mais point d'opposition permise — l'acclamation ou la persécution...

Edgard Quinet a écrit un chapitre fameux : *Comment la Terreur démoralisait la Révolution*. Nos fils lui pourront donner un pendant sous ce titre : *Comment le Bloc corrompait la République*. Ruse, délàtion, abjection — le sang est de reste !

Des gouvernés l'oppressive tutelle des politiciens alors régnants fit les humbles prisonniers des gouvernants. La moindre tentative d'opposition, et la plus républicaine, et la plus loyale, devint coupable. Qui s'y risquait était dénoncé, qui s'y entêtait mis en interdit. Cependant l'opposition constitutionnelle est l'essence du gouvernement représentatif ; elle lui est si nécessaire, si salutaire, qu'au défaut des défiances qu'elle tient éveillées entre les pouvoirs publics et les citoyens tout dégénère dans l'État : les consciences se relâchent, les cœurs s'amollissent, les esprits s'abandonnent, chacun se fait indifférent aux principes et aux moyens, car l'abaissement d'en haut produit la servitude d'en bas. Qu'importe à ces gens! Ils sont les maîtres, ils se disent infaillibles, ils se veulent obéis en silence. Toute contradiction, toute critique à leurs yeux est un crime. Quoi ! c'est trahir le régime que de discuter leur politique? Quoi! c'est offenser la liberté que d'en réclamer le plein exercice pour tous? Quoi! c'est mettre la République en péril que de souhaiter une autre majorité parlementaire? Quoi!... Assez! Assez! Ils sont les maîtres, vous dis-je, et quiconque n'est pas pour eux est contre la République. N'objectez pas que la défaveur les ronge, que le discrédit des hommes peut rejaillir sur les institutions. Encore une fois, la République est leur chose : s'ils la compromettent dans l'avenir, ils s'en moquent! — pourvu qu'elle dure autant qu'eux...

Et voilà tout à coup, voilà qu'ils chancellent, et la République reste debout. Les murmures quand même ont percé, le mécontentement s'est répandu, le pays s'est ému, car, si les hommes s'usent, les idées se réveillent. Le pays, son malaise reconnu, le regarde d'abord avec insouciance, puis l'inquiétude le prend. A son état quels remèdes apporter ? Ni réaction ni révolution! lui crient avec raison les hommes sages. En quoi il les approuve entièrement, mais il se souvient que la formule n'est pas nouvelle : c'est celle qui reparaît à la veille de toutes ses crises politiques. Et, cherchant, prêtant l'oreille, il examine les réformes préconisées, il adopte celle qui semble convenir le mieux à la situation — quitte à l'oublier le lendemain s'il s'en présente une meilleure. Des systèmes proposés, en effet, ce n'est pas tant leur mécanisme qui l'attire que leur signification, l'espoir de guérison qu'ils allument, leurs larges promesses de rénovation. Et c'est cela qui est à méditer. Un peuple n'accueille les idées neuves avec une curiosité favorable que lorsqu'il sent la nécessité d'un changement. Le succès de la réforme électorale dans l'opinion publique n'a pas d'autre cause. Il est l'effet de la disposition générale des esprits, et c'est pourquoi, au lieu de s'appliquer vainement à les en détourner, il faut se mêler à eux, les guider, tâcher de trouver d'un commun accord une solution prompte et pratique sans se préoccuper de savoir si les politiciens menacés nous classeront parmi les réactionnaires ou les révolutionnaires — à leur goût!

Dès les premières de ces lettres j'écrivais textuellement que je ne considère pas la réforme électorale comme une panacée. J'ai reconnu par la suite qu'elle commande tout un ensemble d'importantes mesures concernant l'administration et le Parlement. Et, il n'y a pas dix jours, je demandais la ferme application des lois constitutionnelles, prévoyant fort bien quelles modifications préalables elle pourrait nécessiter en vue des obstacles à surmonter. Si de nouvelles idées de réformation étaient lancées, qui fussent propices à l'épuration, à la consolidation du régime, je puis assurer que nous serions nombreux en province à nous y rallier franchement. La réforme électorale est seule en je pour le moment, et c'est déjà un gros, un très gros morceau. Si l'esprit civique animait encore l'armée républicaine, toutes ses fractions concourraient à sa réussite d'un même élan. Hélas! ce n'est plus qu'un tas de coteries sans affinité que d'égoïsme. Quoi qu'il en soit, que les élections entament au vif la puissance des politiciens ou qu'elles la confirment, certainement avant peu il n'y aura plus qu'un seul parti possible, un seul parti populaire et fort: celui des républicains réformistes. Les autres...

Je souhaitais il y a un an *des hommes*. Bien que ce vœu ait surpris certains, de nouveau je le forme. Pourquoi pas ? D'individualités puissantes, qui ne se laisseraient engluer ni par les embûches des hypocrites ni par les tergiversations des pontifes de couloirs, aurions-nous à redouter une conspiration à la Catilina? Nous ne sommes pas la république romaine! Je n'aperçois pas même sur le forum le masque d'un Tallien. C'est à peine si j'y découvre le visage circonspect des temporisateurs à la Sieyès, créatures sans nul doute bonnes et capables, mais dont l'attitude expectante évoque trop le rôle si prudent de l'illustre théoricien sous la Convention, ses refus, ses reculs tellement significatifs qu'il faisait dire de lui : « Sieyès eût été un bon négociant — il aurait volontiers tiré des lettres de change et n'en aurait jamais accepté! » Nous avons nos Sieyès, et déjà ils se cachent! Voilà ce qui nous perd : la peur des responsabilités. La tyrannie des politiciens est le fruit du règne des lièvres : qu'en place de ceux-ci surgissent des hommes, ceux-là disparaîtront.

Ce n'est pas l'intérêt public que défendent

les politiciens, c'est le leur. L'état morbide qu'ils ont créé, leur république peut s'y résigner, parce qu'elle en vit : la nôtre, qui a l'ambition de représenter totalement la France, la nôtre ne le peut pas, parce qu'elle ne veut pas mourir !

FIN

TABLE DES MATIÈRES

Décembre 15

TOURS. — IMPRIMERIE DESLIS FRÈRES.

www.ingramcontent.com/pod-product-compliance
Ingram Content Group UK Ltd.
Pitfield, Milton Keynes, MK11 3LW, UK
UKHW020315230726
13925UKWH00002B/434

9 782013 570862